Au prochain ma
Bisou
G.

Maîtres de la mer

les Phéniciens et les Grecs

Publié par Periplus Publishing London Ltd
Éditeur : Danièle Juncqua-Naveau
Directeur de collection : Étienne Bernand, professeur honoraire des Universités
Responsables éditoriaux : Nick Easterbrook, Christopher More et Rebecca Penfold
Production : Sophie Chéry
Recherche iconographique : Jane Lowry
Collaboration rédactionnelle : Muriel Moity, Murielle Rudel, Alain-Xavier Wurst

© 2003, Periplus Publishing London Ltd, 98 Church Rd, London SW13 0DQ, UK
pour la langue française et pour tous pays
Prépresse : Periplus Publishing London Ltd
Imprimé et relié en Italie par Graphicom
Tous droits réservés
ISBN : 2-84567-140-7

Maîtres de la mer

les Phéniciens et les Grecs

Periplus

London

Illustration page précédente :
Tête en terre cuite
de la déesse punique Tanit.
© Roger Wood / CORBIS

Remerciements

Nous tenons à remercier tout particulièrement les personnes et les institutions suivantes pour leur aide et leur contribution à cet ouvrage :

Anastasia Anagnostopoulou Paloubis, président du Hellenic Maritime Museum ;
Laura Lionetti Barton de l'Odyssey Marine Exploration ;
Maître Lucien Basch ;
Pr George F. Bass, Deborah N. Carlson, et Ralph K. Pedersen de l'Institute of Nautical Archeology (INA) ;
Tom Boyd ;
Pr James A. Dengate de l'University of Illinois ;
Honor Frost, Fellow of the Society of Antiquaries ;
Itamar Grinberg, photographe ;
Pr Michael Jameson, directeur du Halieis Project ;
Dr Yaacov Kahanov de l'Université d'Haïfa ;
Dr Karl Kilinski, Southern Methodist University ;
Dr Elisha Linder de l'Université d'Haïfa ;
Pr Yannos Lolos, Dr Yannis Vichos, Dr Dimitris Kourkoumelis, et Angeliki Simossi, du Hellenic Institute for Maritime Archaeology (HIMA)
Bjørn Lovén, directeur du Zea Harbour Project ;
National Archaeological Museum en Grèce ;
Dr Iván Negueruela, directeur du Museo Nacional de Arqueología Marítima y Centro Nacional de Investigaciones Arqueológicas Submarinas, Cartagène ;
Catherine A. Offinger, Institute for Exploration ;
Pr Karl M. Petruso de l'University of Texas at Arlington ;
Pr Lawrence E. Stager de Harvard University, Dorot Professor of the Archaeology of Israel, Director of the Semitic Museum ;
Université Saint-Joseph de Beyrouth ;
et Dr Michael Wedde.

Maîtres de la mer

les Phéniciens et les Grecs

	Introduction	ix
I.	**Les Phéniciens en mer**	1
	Un peuple mystérieux	1
	Les ports	10
	Motyé	11
	Tyr et Sidon	13
	Les épaves	21
	Cap Gelidonya	26
	Tanit et Elissa	34
	Mazarrón I et II	41
	Ma'agan Mikhael	50
	Melkarth	56
	Isola Lunga	58
II.	***Thalassa*, la mer des Grecs**	63
	L'odyssée d'un peuple	65
	Les ports	76
	Halieis	76
	Samos	82
	Thasos	84
	Le Pirée d'Athènes	89
	Les épaves	98
	Dokos	98
	La pointe Iria	105
	Alonnesos	112
	Tektas Burnu	118
	Kyrenia	122
	Antikythera	127
	Conclusion	133
	Glossaire	135
	Bibliographie	145

Introduction

La civilisation phénicienne est entourée de mystères, celle des Grecs constitue le socle de notre culture. Les œuvres d'Homère et de Sophocle appartiennent à la littérature universelle, pas un seul papyrus phénicien, ne serait-ce qu'une copie ou une traduction, ne nous est parvenu à ce jour. Curieux paradoxe, quand on sait que les Phéniciens ont posé les bases de l'alphabet moderne. Le grec se compte parmi les langues indo-européennes ; le phénicien est une langue sémitique, groupe au sein duquel on retrouve l'araméen, l'hébreu, l'arabe ou encore le punique, dialecte propre à Carthage.

Tout semble opposer les Phéniciens et les Grecs. Pourtant les influences que ces deux peuples exercèrent l'un sur l'autre embrassent tous les domaines, qu'ils soient artistique, religieux ou économique.

Il suffit de contempler la côte phénicienne, aujourd'hui libanaise, pour comprendre que la Méditerranée deviendrait l'espace naturel dans lequel les Phéniciens allaient évoluer. Leur territoire était exigu, l'ouverture sur la mer leur évitera l'asphyxie.

Cette donnée géographique, aussi importante soit-elle, n'explique cependant pas à elle seule les raisons pour lesquelles les Phéniciens occupèrent la Méditerranée de sa pointe orientale à l'extrême occident, c'est-à-dire l'Espagne, et même plus loin, car on retrouve leurs traces jusque dans le golfe de Guinée et dans les îles Britanniques. Notons au passage que ce phénomène, trop souvent occulté dans les cours d'histoire, fut pourtant déterminant pour la période qui précéda les ères hellénistique et romaine.

Le commerce fonde incontestablement l'expansion maritime phénicienne sur l'ensemble du pourtour méditerranéen, qui débute aux alentours de 1 200 av. J.-C. À cette époque, la décadence du commerce mycénien rend possible le développement d'une économie phénicienne à l'échelle régionale. Pour des raisons qui tiennent beaucoup aux descriptions des auteurs grecs, les Phéniciens incarnent plus que n'importe quel autre peuple de l'Antiquité la figure du marchand, préférant l'échange des biens – et celui des hommes – à la pratique de la guerre. Dans toute la littérature antique, ils sont dépeints sous des traits souvent peu flatteurs et qui nous marquent aujourd'hui encore : avides au gain et prêts à tout pour vendre.

Embarqués sur des vaisseaux à rames et équipés de voiles, les Phéniciens longent la côte le jour et mettent pied à terre la nuit. C'est ainsi que le cabotage – soulignons que les marins phéniciens n'hésitent pas non plus à affronter la haute mer – entraîne l'aménagement de petits comptoirs qui allaient devenir les bases pour les futures colonies.

On note qu'il existe une physionomie propre, du point de vue de l'architecture portuaire, aux établissements phéniciens fondés le long des côtes méditerranéennes. À l'évidence, ils s'inspirent et répètent la configuration de leurs cités d'origine : «les Phéniciens s'installèrent surtout sur de petites îles côtières ou sur des promontoires et généralement là où les atterrissements étaient bas et lagunaires. Ces conditions permettaient de s'abriter du vent et de faire accoster des navires à quille basse sans risque de naufrage. On peut dire qu'un site phénicien se reconnaît déjà à sa structure : des petites îles, comme Arados, Tyr avant d'être réunies au continent; Motyé, Sulcis, Cadix et autres; des promontoires, tels que Sidon, Acre, Carthage, Tharros», écrit ainsi André Parrot.

De même que les colons grecs gagnèrent l'Italie à la recherche du fer des Étrusques – l'île d'Elbe en était richement pourvue – les Phéniciens s'aventurèrent loin vers l'ouest afin d'importer des métaux. On observe ainsi un processus d'occupation commun aux deux peuples. Sur la côte africaine, la trace des Phéniciens se retrouve en Algérie, comme à Hippo Régius (Bône), Cirta (Constantine), Icosium (Alger), ou sur l'île de Rachgoun (la plupart de ces centres, postérieurs à la création de Carthage, datent des IVe et IIIe siècles), ou encore au Maroc, comme à Tamuda, Tanger et Lixus. Curieusement, les nécropoles phéniciennes sont ici plus anciennes (VIIIe-VIIe siècles) que les précédentes.

Ces villes coïncident, pour l'ensemble, avec les principaux points stratégiques situés sur la route des métaux, qui mena également les Phéniciens en Espagne. On s'accorde d'ailleurs à penser qu'ils bâtirent Cadix (Gadès). L'or, l'argent, le fer, l'étain, le plomb s'achetaient à bas prix dans les mines ibériques et étaient revendus en Orient avec de grands profits. Ces derniers étaient à la mesure des risques encourus : comme l'illustre l'épave de Mazarrón II, remplie à ras-bord de lingots de plomb, le transport de ces matières premières n'était pas sans grands dangers. Mais des embûches de la mer, les Phéniciens n'ont que faire. Hardis navigateurs, ils s'imposent en Sardaigne, à Malte, à Ibiza, en Sicile.

Avec la fondation de Carthage en 814 av. J.-C. naît, d'une certaine manière, la Phénicie d'Occident. Les Carthaginois prolongèrent la tradition de marchands et de découvreurs de nouvelles terres. On connaît ainsi le «périple d'Hannon», grâce à un manuscrit grec, qui célèbre le courage de celui-ci et commence par : «Voyage d'Hannon, roi des Carthaginois, aux terres d'Afrique qui s'étendent au-delà des colonnes d'Héraclès, relation qu'il a fait graver dans le sanctuaire de Baal, comme il suit.»

Un siècle plus tard, les Grecs reprendront le chemin de la mer, après une période de repli de quatre cents ans. Il s'ensuit une grande vague de colonisation qui voit les Hellènes s'implanter en Asie Mineure, aux confins de la mer Noire et sur l'ensemble des côtes méditerranéennes, en des endroits différents des installations phéniciennes. Les échanges commerciaux entre les deux peuples sont cependant intenses et amènent les deux cultures à s'influencer.

C'est l'art, sous toutes ses formes, qui nous en offre les exemples les plus manifestes. Ainsi l'art orientalisant grec doit beaucoup aux productions artistiques phéniciennes. Réciproquement, surtout à partir du IVe siècle, de nombreux artistes grecs sont au service de rois phéniciens. Les marbres grecs se répandent sur la côte phénicienne. Ils servent à la taille de sarcophages pour les aristocrates phéniciens qui copient ceux de leurs rois, qui eux-mêmes s'inspiraient de modèles égyptiens. Notons que cette coutume sera adoptée plus tard par les Romains.

Après la conquête d'Alexandre, la langue grecque pénètre dans toutes les classes de la société phénicienne, et beaucoup de Phéniciens adoptent un nom grec. Jusqu'à l'industrie la plus célèbre de Phénicie, l'industrie du verre, l'influence grecque se fera sentir.

La phase initiale de contact entre les Grecs et les Phéniciens se déroule donc dans un climat de coopération et d'échange culturel. Mais lorsque les Égéens se prennent à essaimer en Italie méridionale et en Sicile, à proximité des comptoirs phéniciens, des rivalités apparaissent qui se transforment en affrontements à partir du VIe siècle. À la différence de Tyr, la cité-mère, Carthage développa en effet une armée puissante. De marchands, les Carthaginois devinrent guerriers. Leur hégémonie se traduisit par des victoires importantes, comme celle d'Alalia (Aléria) vers 535 av. J.-C., où, alliés aux Étrusques, ils chassèrent leurs rivaux grecs de Corse et assirent leur domination sur la Méditerranée occidentale. Suivent alors quatre siècles agités qui voient non seulement s'opposer les Grecs et les Phéniciens, mais aussi les Grecs et les Perses, puis les Carthaginois et les Romains : la mer Égée et la Méditerranée sont devenues des champs de bataille.

De ces guerres navales, la mer a gardé peu de traces. Tout au plus peut-on relever, pour les deux peuples qui nous occupent, l'épave d'un navire de combat carthaginois tombé lors de la première guerre punique au large des côtes siciliennes. En revanche, les fonds marins abondent en épaves marchandes, qui représentent une source d'informations incomparable quant à l'histoire maritime des Grecs et des Phéniciens.

I. Les Phéniciens en mer

Le nom 'Phénicien' provient du grec *phoenikes* qui signifie la pourpre, colorant fabriqué par ce peuple, obtenu à partir d'un coquillage. Les Phéniciens peuplaient la bande côtière syro-palestinienne, qui s'étend du golfe d'Issos au nord jusqu'au mont Carmel au sud. Apparentés aux Araméens et surtout aux Cananéens, leur origine reste cependant assez controversée. Ils se nommaient eux-mêmes Cananéens du fait de leurs ancêtres sémites établis dans cette partie du Proche-Orient, tandis que les Grecs les appelaient Sidoniens, en référence à la popularité de Sidon, une de leurs principales villes et aussi Carthaginois.

Ces dénominations traduisent une appartenance à une ville plutôt qu'à un État. De fait, la Phénicie ne devint jamais ni une nation, ni un empire : c'était un ensemble de cités politiquement autonomes dont chacune était gouvernée par un roi. Elles se firent continuellement concurrence et ne s'allièrent qu'occasionnellement pour résister aux envahisseurs.

1. Un peuple mystérieux

C'est au IIIe millénaire que les peuples sémites arrivèrent le long de la côte aujourd'hui libanaise. Ils subirent l'influence de nombreuses civilisations, comme celles des Hittites, des Hourrites et des Égyptiens, ou encore celles des Crétois et des Mycéniens, les deux peuples de la mer dominant l'espace égéen

Modèle d'une antique barque oblongue de Phénicie en terre cuite.

© photo RMN : Franck Raux

Maîtres de la mer

Navire marchand phénicien dit le « bateau de Tarsus », datant du Iᵉʳ siècle av. J.-C.
© Gianni Dagli Orti / CORBIS

durant le IIᵉ millénaire. En 1200 av. J.-C., les cités cananéennes, notamment Byblos, s'affranchirent de l'emprise égyptienne et jouissent alors d'une indépendance totale. La Phénicie connut son apogée entre les Xᵉ et VIIIᵉ siècles.

On distingue trois grands groupes de villes, Tyr au sud, Arwad-Simyra au nord, et au centre, Sidon, Bérytos et Byblos. Byblos intéressa très tôt l'Égypte et devint la capitale commerciale et religieuse de la côte phénicienne entre 2000 et 1500 av. J.-C. Sidon fut autour du IIIᵉ millénaire un petit port de pêche ; elle s'affirma ensuite jusqu'au Iᵉʳ millénaire, rivalisant avec Tyr et Byblos pour sa puissance navale. Après 1200 av. J.-C., elle devint dépendante de Tyr, la principale ville phénicienne. Tyre développa des relations maritimes et commerciales dans toute la Méditerranée. Son prestige se trouva ensuite renforcé par les relations qu'entretenait son roi, Hiram Iᵉʳ, avec la monarchie d'Israël et par ses multiples colonies, dont la cité de Carthage au nord de l'Afrique.

Contrairement aux Grecs, les Phéniciens ont laissé peu de vestiges et de témoignages écrits signalant leur présence, excepté quelques inscriptions sur des tablettes. Aussi ignorons-nous à peu près tout de leur vie quotidienne.

Deux facteurs expliquent ce silence. Le premier est lié aux conditions climatiques de la Phénicie : les Phéniciens, comme les Égyptiens, écrivaient sur des rouleaux de papyrus. Mais l'humidité de leur région ne permit pas à ceux-ci de résister au temps. À cause des intempéries également, les inscriptions gravées sur la pierre s'estompèrent progressivement jusqu'à devenir indéchiffrables. Le second facteur tient à la réalité politique de l'époque : les cités phéniciennes bénéficiaient d'une ouverture sur la mer que leur enviaient les peuples continentaux, rivaux des Phéniciens. Assyriens, Babyloniens, tous dépourvus de flotte, n'hésitèrent pas à envahir, piller, saccager puis reconstruire les villes phéniciennes. Les archéologues mirent au jour quelques fragments de mur, des tombes et des fondations de temple, mais force fut de constater que les ruines phéniciennes étaient rares et qu'il était difficile de les distinguer des vestiges des peuples qui les avaient envahis.

Pour mieux percer l'histoire et la vie des Phéniciens, il fallut donc recourir aux témoignages des peuples voisins, en particulier aux textes grecs et à la Bible, où ils sont dépeints comme des navigateurs incomparables, des aventuriers audacieux et d'habiles commerçants. Ainsi, Homère voit en eux des « marins rapaces, qui dans leurs vaisseaux noirs ont mille camelotes ». Les sites exhumés lors des fouilles archéologiques, en Mésopotamie, en Égypte, à Chypre, et plus généralement dans toutes les régions où ces navigateurs marchands avaient coutume de se rendre, ont livré quelques pièces de facture phénicienne ainsi que des fresques portant de précieuses images de leurs cités et de leurs embarcations.

Plus récemment, la découverte et l'étude d'épaves phéniciennes et carthaginoises permirent d'approfondir les connaissances que nous avions de ce peuple et d'accréditer l'idée selon laquelle les Phéniciens étaient les plus grands navigateurs de leur temps.

Figurine phénicienne.
© David Lees / CORBIS

Pendentif phénicien en or.
© David Lees / CORBIS

Maîtres de la mer

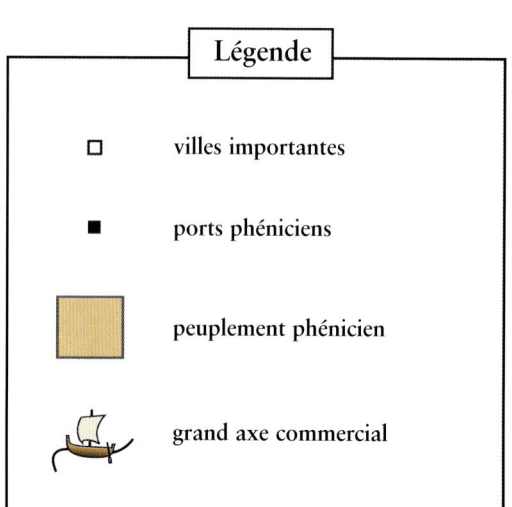

Les Phéniciens

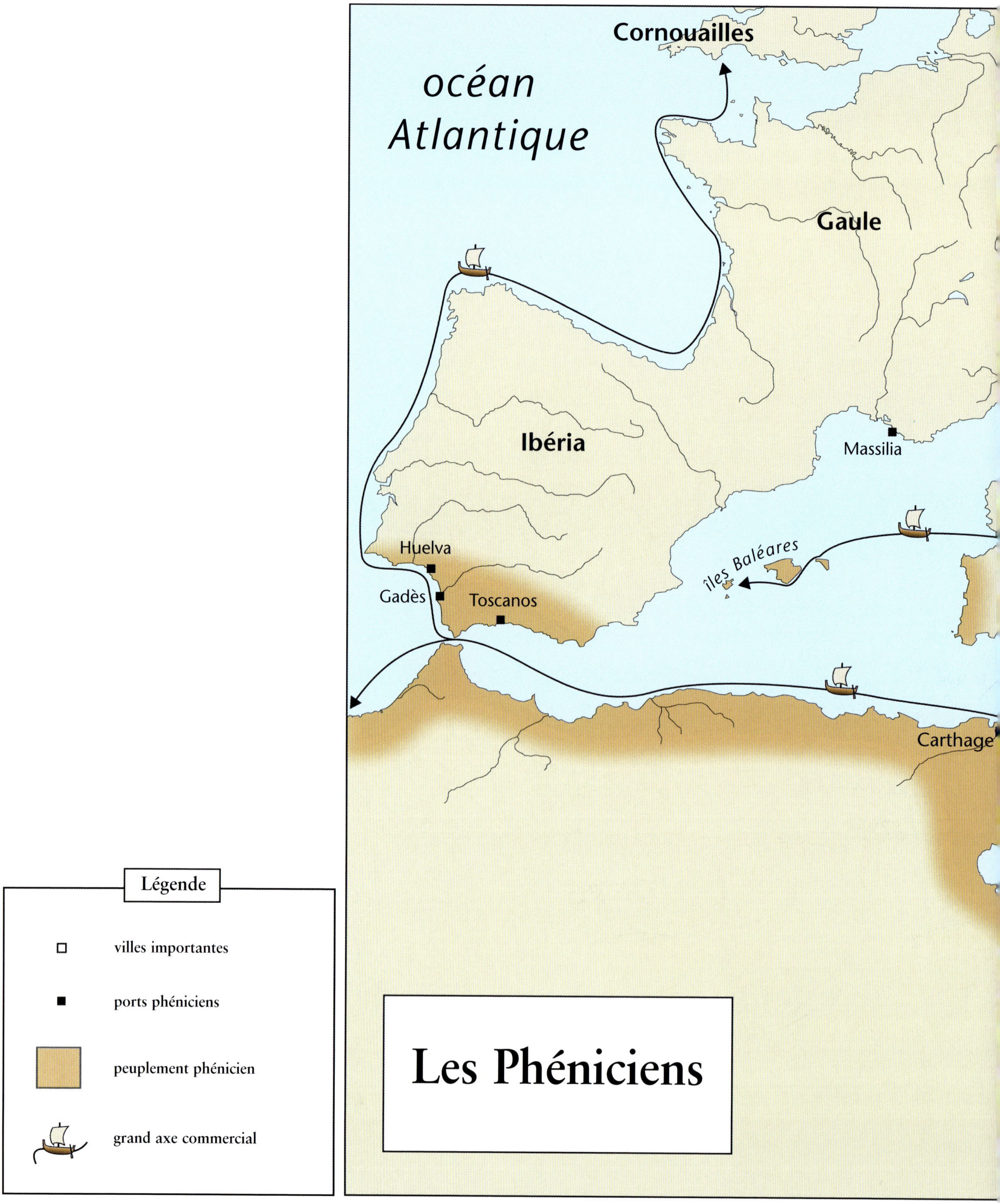

I. Les Phéniciens en mer

Chronologie des Phéniciens

Dates approximatives.
(Elles peuvent varier – pour
les plus anciennes – en fonction
des découvertes archéologiques.)

env. 7000 av. J.-C. : premières traces d'habitations à Byblos.

3000-2900 av. J.-C. : premières maisons à Byblos.

2900 av. J.-C. : le roi égyptien Snéfrou (dernier de la IIIe dynastie) envoie une expédition maritime chercher du bois de cèdre de la Phénicie.

2750 av. J.-C. : fondation de Tyr.

2100 av. J.-C. : conquête de Byblos par les Amorrites.

2000-1500 av. J.-C. : Byblos devient la capitale religieuse et commerciale des côtes phéniciennes.

1200 av. J.-C. : invasion des peuples de la mer sur le littoral phénicien. Les Tyriens explorent les côtes de la Méditerranée. Les Cananéens établis sur la côte syro-palestinienne sont connus sous le nom de Phéniciens.

1110 av. J.-C. : début de l'âge d'or de la Phénicie et des voyages océaniques. Fondation par les Tyriens de Gadès (Cadix).

1100-700 av. J.-C. : les Phéniciens naviguent sur tout le pourtour de la Méditerranée.

1020 av. J.-C. : début du règne de Abibal, le premier roi de Tyr.

1000 av. J.-C. : l'invention de l'alphabet de 22 lettres. Les Tyriens s'installent à Cition, dans l'île de Chypre, à Rhodes et en Crète.

1000-750 av. J.-C. : âge de prospérité et d'expansion maritime.

980 av. J.-C. : Hiram Ier succède à Abibal.

env. 970 av. J.-C. : selon la Bible, les Tyriens commercent avec « Tarshish » dans la Méditerrannée occidentale et leurs navires apportent de l'or au roi Salomon, gendre du roi Hiram de Tyr.

880-630 av. J.-C. : la Phénicie tombe peu à peu sous la tutelle des Assyriens.

821 av. J.-C. : fondation de Kambé par des Sidoniens dans le golfe de Tunis.

814 av. J.-C. : fondation de Carthage par les Tyriens fugitifs.

734 av. J.-C. : les Grecs commencent à s'établir en Sicile.

env. 720 av. J.-C. : les Carthaginois fondent Motyé, à l'ouest de la Sicile.

681 av. J.-C. : Sidon et Tyr tombent sous la domination assyrienne.

654 av. J.-C. : les Carthaginois fondent Ebussus (Ibiza).

env. 600 av. J.-C. : les Carthaginois s'allient aux Étrusques contre les Grecs.

586-573 av. J.-C. : siège et destruction de Tyr par Nabuchodonosor II, roi de Babylone. Tyr restera sous domination babylonienne jusqu'en 572 av. J.-C. Sidon prend le relais du prestige phénicien.

vers 550 av. J.-C. : le général carthaginois Magon vainc les Grecs en Sicile.

539 av. J.-C. : prise de Babylone par Cyrus et les Perses. Retour de la prospérité dans les ports phéniciens.

535 av. J.-C. : victoire navale des Carthaginois contre les Phocéens à Alalia.

494 av. J.-C. : première guerre médique, qui oppose les Perses et les Grecs. Les Phéniciens apportent une aide maritime et navale aux Perses.

480 av. J.-C. : bataille de Salamine. Les Perses, qui combattent avec l'aide de navires phéniciens, sont vaincus par les Grecs. Défaite des Carthaginois par les Grecs à Himère, en Sicile.

30 av. J.-C. : périple de Hannon, grand navigateur carthaginois.

397 av. J.-C. : les Grecs assiègent Motyé et détruisent la ville.

350 av. J.-C. : Artaxerxès, roi de Perse, attaque Sidon.

336 av. J.-C. : Alexandre le Grand commence sa conquête de l'Orient.

333 av. J.-C. : Alexandre s'empare de Byblos et de Sidon et assiège Tyr un an plus tard. Déclin de la Phénicie orientale.

264-241 av. J.-C. : première guerre punique entre Rome et Carthage.

228 av. J.-C. : le Carthaginois Hasdrubal fonde en Espagne la Nouvelle Carthage (Carthagène).

221 av. J.-C. : Hasdrubal meurt assassiné. Le célèbre Hannibal le Grand lui succède.

218-202 av. J.-C. : deuxième guerre punique, qui se solde par la défaite des Carthaginois.

146 av. J.-C. : fin de la troisième guerre punique. Carthage est vaincu. Déclin de la Phénicie occidentale.

La nécessité de se tourner vers la mer

Intrépides, ingénieux, entreprenants, ils ont diffusé leurs riches connaissances, en art, en littérature et en architecture navale dans de nombreuses régions de la Méditerranée, en évitant toujours l'utilisation de la force mais en privilégiant plutôt les échanges commerciaux et pacifiques.

Les Phéniciens n'avaient guère d'autre choix que de se tourner vers la mer : la Phénicie ne couvrait qu'une petite bande côtière de 12 à 50 km de largeur. Au nord, les Hittites avaient enlevé aux Phéniciens le littoral de la Syrie septentrionale. Au sud, les Philistins s'étaient emparés du littoral méridional. À l'est, la Phénicie était barrée par la chaîne de montagnes du Liban... Restait un territoire minuscule composé de cités très peuplées et dépourvu de terres agricoles et de matières premières, à l'exception du très estimé bois de cèdre : pour subsister, les Phéniciens furent contraints d'importer des vivres des pays voisins qu'ils échangeaient contre quelques produits de luxe. Deux passages bibliques précisent le type de commerce que pratiquaient les Phéniciens. Au chapitre 5 du premier Livre des Rois, Salomon demande à Hiram, roi de Tyr, de lui fournir du bois de cèdre, en échange de quoi il promet de lui faire parvenir des denrées alimentaires. Voici ce qu'Hiram lui répond : « J'ai bien reçu la demande que tu m'as adressée. J'accepte de te fournir tout le bois de cèdre et de pin que tu désires. Mes serviteurs transporteront les troncs d'arbres du Liban jusqu'à la côte. Ils les assembleront en grands radeaux pour les faire flotter par mer jusqu'à l'endroit que tu m'indiqueras. Là, ils déferont les radeaux et tes serviteurs viendront y chercher les troncs. Comme paiement, tu me fourniras les provisions que je désire pour nourrir le personnel de mon palais. »

Alors Hiram livra à Salomon tout le bois de cèdre et de pin qu'il désirait ; de son côté, Salomon lui fournissait chaque année 6 000 tonnes de blé et 8 000 litres d'huile d'olive de première qualité pour approvisionner son palais.

Dans le deuxième Livre des Chroniques, Salomon, désireux de bâtir un temple grandiose orné d'or, d'argent et d'étoffes, fait de nouveau appel à Hiram et lui renouvelle sa promesse de le fournir en vivres : « Eh bien donc, envoie-moi un spécialiste du travail de l'or, de l'argent, du bronze et du fer, qui sache aussi apprêter les étoffes teintes en rouge, en cramoisi et en violet, et qui connaisse l'art de la gravure. [...] Fournis-moi aussi du bois de cèdre, de pin et de santal, en provenance du mont Liban. [...] De mon côté, je fournirai, pour tes serviteurs occupés à couper les arbres 6 000 tonnes de semoule de blé, 6 000 tonnes d'orge, 800 000 litres de vin et 800 000 litres d'huile. »

Ainsi les Phéniciens travaillaient les métaux, fabriquaient des tissus aux couleurs chatoyantes et leurs cèdres étaient partout vantés. Ils excellaient dans le commerce, qui se développa d'abord sur terre, avec la route des caravanes qui menait de Tyr à l'Égypte. Effectivement, ce peuple de commerçants était situé dans une position clef, dans le passage obligatoire de l'Orient vers l'Occident et parvenait ainsi à s'approvisionner en de nombreuses marchandises d'échanges. Ils entretenaient ainsi de bons rapports avec l'Orient pour leurs épices et pierres précieuses.

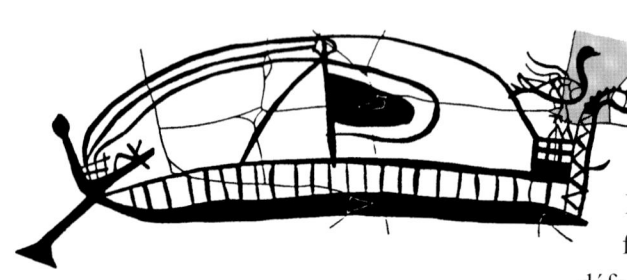

Reconstitution d'un navire nouveau de la période Helladique récent IIIC, datant de 1200-1100 av. J.-C., découvert sur un pyxis dans une tombe de Tragana, près de Pylos, en Messénie. La voile est représentée gonflée par le vent. Il est vraisemblable qu'elle devait être tendue entre deux vergues. Chacun des deux anneaux devait permettre le passage d'une drisse. Des quatre traits partant du calcet vers la proue, deux sont des haubans et les deux autres sont des drisses. L'une d'elles s'attache à mi-distance de la poupe et du mât, tandis que l'autre vient s'attacher près du timonier. Un important château de proue est fait de poutres horizontales et verticales, et d'entrecroisés. Homère désigne cette construction sous le nom d'Ikria dans *L'Iliade* et *L'Odyssée*.

© dessin original par Georges S. Korres, « New observations on the ship representation of the LH IIIC », *Tropis I*. Redessiné à l'encre par Michael Wedde.

C'est au début du Ier millénaire qu'ils se tournèrent vers la mer et construisirent des ports. À la recherche de marchés, ils parvinrent progressivement à s'implanter sur tout le pourtour méditerranéen.

Maîtres dans l'art de naviguer, ils furent les premiers à s'aventurer jusque dans l'océan Atlantique et à se repérer en suivant l'étoile polaire, que les Grecs baptiseront l'étoile phénicienne. Le plus vieux comptoir phénicien fut établi en 1110 av. J.-C. à Gades (Cadix), puis vint Utica (Utique), ville d'Afrique du Nord, au nord-ouest de Carthage, en 1101 av. J.-C. Cependant les archéologues par manque de preuves irréfutables ne peuvent qu'émettre des hypothèses. Les premières évidences matérielles de l'occupation phénicienne sur les côtes méditerranéennes datent du VIIIe siècle av. J.-C.

Ils commerçaient avec les Grecs et établirent des colonies et surtout des comptoirs commerciaux dans la Méditerranée orientale et occidentale, à Chypre (où l'on a retrouvé le plus d'inscriptions phéniciennes), à Malte, en Sicile, en Sardaigne, dans les îles Baléares et au sud de l'Espagne. Dans ces régions fertiles, riches en minerais et en métaux précieux, ils apportèrent leur fameux cèdre, les épices, la pourpre et des objets raffinés et précieux (ivoires sculptés et pièces de verrerie) fabriqués avec les matières premières et métaux précieux qu'ils avaient importés.

Ils échangeaient des biens avec l'Égypte et s'installèrent sur les côtes d'Afrique du Nord. Les habitants de Tyr, pour échapper à la conquête assyrienne, s'enfuirent vers des contrées plus hospitalières et fondèrent en 814 av. J.-C. la légendaire Carthage, dont le nom signifie « ville nouvelle ». La recherche de minerai les conduisit même sur l'Atlantique, jusque sur les côtes de la Gaule et en Cornouailles.

Trois routes permettaient aux Phéniciens de gagner la Méditerranée occidentale. Par la première, ils longeaient les côtes du nord et celles de la Grèce pour atteindre Corcyre (Corfou). De là ils rejoignaient la Sicile. Par la seconde, ils suivaient la côte africaine, depuis l'Égypte jusqu'au Maroc. Enfin, les marins phéniciens pratiquaient aussi la navigation hauturière et faisaient alors escale dans les îles comme Chypre, la Crète, Malte, la Sicile, la Sardaigne et les Baléares.

Pendentif d'un navire phénicien datant de 404-399 av. J.-C.

© Gianni Dagli Orti / CORBIS

2. Les ports

On distingue deux types de ports en Phénicie : ceux qui sont bâtis sur des estuaires, comme Byblos et Al-Mina, et ceux qui sont formés par des îlots faisant face au littoral, comme Tyr et Sidon. Sur les routes qui les menèrent en Occident, les Phéniciens firent mouiller leurs navires dans des sites similaires : ports fluviaux ou îlots côtiers. On a de fait retrouvé de nombreuses traces d'installations phéniciennes dans les estuaires bordant la Méditerranée, comme à Huelva et Toscanos, de la péninsule ibérique, à Bitai et Tosa en Sardaigne, et ceux qui longent la côte d'Afrique du Nord, à Utique et Rachgoun. Quant aux ports de Tyr et de Sidon, ils trouvent leur réplique à Alger, Mogador et Gadès (Cadix).

Grands bâtisseurs, les Phéniciens aménageaient ces abris naturels en établissements élaborés constitués de jetées, de quais et de bassins et construisirent des ports artificiels. Il reste aujourd'hui peu de traces de leur ingéniosité, mais ce qui demeure révèle que les Phéniciens furent les premiers grands constructeurs de ports.

Les vestiges de la porte nord de la ville de Motyé en Sicile.

© Giuseppe Leone

I. Les Phéniciens en mer

Sanctuaire et lieu de sacrifice dans la ville de Motyé en Sicile.

© David Lees / CORBIS

Les premiers ports artificiels en Méditerranée – Motyé

À la fin du VIIIe siècle av. J.-C., les Carthaginois s'installèrent à Motyé, petit îlot situé à l'est de la Sicile, pour s'opposer à l'expansion des colonies grecques dans cette partie de la Méditerranée. Ils fortifièrent Motyé et construirent tout autour de l'île une grande muraille de 9 m de haut, flanquée de tours.

Les Grecs détruisirent la ville en 397 av. J.-C. et le site ne fut jamais reconstruit. Ce fut une chance pour les archéologues, qui se trouvaient en présence d'un site purement phénicien non perturbé par la présence de vestiges grecs ou romains, comme à Carthage. Découvert en 1619, Motyé fut l'objet de sondages à la fin du XIXe siècle, et fut fouillé entre 1907 et 1926 par l'équipe de Whitaker qui découvrit la muraille et d'autres édifices, puis par des archéologues italiens et britanniques.

Les Phéniciens pouvaient accéder à l'île par la porte nord. Celle-ci était gardée par deux immenses bastions carrés. Elle comportait trois entrées qui s'ouvraient sur une jetée menant à la terre ferme de Sicile. Au nord de l'île, une nécropole fut découverte. Plusieurs centaines de tombes à incinération furent fouillées et on retrouva des armes en fer, des bijoux, des vases carthaginois et des céramiques grecques d'importation. Un *téménos*, appelé Cappiddazzu, situé près de la porte, comportait un édifice à trois nefs orné d'une corniche à gorge égyptienne. Un petit temple avec un autel carré avait été dressé à proximité, ainsi qu'un *tophet* renfermant des milliers d'urnes. Plus de mille stèles à l'effigie d'idoles furent identifiées. Quarante environ

Le bassin du *cothon* dans la porte sud de la ville. On peut apercevoir les quais et de nombreux blocs de pierres, destinés à accueillir les navires phéniciens.

© Giuseppe Leone

portaient des inscriptions et étaient dédiées au dieu Baal Hamon. Le *tophet* livra également un masque grimaçant, quelques statuettes puniques et d'importation et des protomés féminins de terre cuite. Toujours au nord se trouvaient deux ateliers de potiers avec des fours. Dans l'un d'eux, on retrouva des coquillages de murex indiquant que les Phéniciens pratiquaient l'industrie de la pourpre dans l'île de Motyé.

Les navires pénétraient par la porte sud : c'est là que se trouvait le *cothon*, vaste bassin fermé creusé dans le littoral et relié à la mer par un chenal. Des cothons de ce type furent identifiés à Carthage et à Utique.

Le chenal était situé à l'intérieur même des fortifications de la cité, ce qui assurait une meilleure protection aux navires. Il mesurait 5 m de large et était bordé de blocs de pierre dont certains comportaient des trous : des madriers servant à caler les navires pendant qu'on les réparait devaient y être enfoncés. Le fond du chenal était également pavé. Il était creusé en son centre d'une ornière, peut-être pour permettre à la quille des bateaux de passer.

Le *cothon* lui-même mesurait 50 m de long sur 35 m de large et sa profondeur n'excédait pas 9 m. Il était entouré de quais empierrés destinés au déchargement des marchandises.

Le port de Motyé est l'un des rares exemples de *cothons* phéniciens et de loin le mieux conservé. On ne retrouve pas de constructions de ce type sur la côte syro-palestinienne, ce qui laisse supposer qu'elles étaient l'apanage des Phéniciens de l'ouest.

Deux villes portuaires : Tyr et Sidon

Du temps des Phéniciens, Sidon et Tyr eurent tour à tour leurs heures de gloire. Lorsque Sidon occupait le devant de la scène, Tyr était rejetée dans l'ombre. Lorsque Tyr rayonnait, Sidon s'éclipsait... Sidon, nommée dans la Bible « mère des villes phéniciennes », parvint la première à la richesse et fut le premier port réputé de Phénicie. Sa renommée était telle qu'Homère et Virgile évoquent Sidon pour parler de la Phénicie en général. Homère connaissait sans aucun doute Byblos et Tyr (qui éclipsa Sidon dès le Xe siècle), mais rappelle dans ses chants l'époque où Sidon brillait de tous ses feux. Il évoque une ville florissante, par son artisanat, son commerce et sa flotte qui dominait le trafic maritime sur la Méditerranée. Après une période de déclin, la domination de Sidon reprit à l'époque perse, une fois Tyr assiégée par les Babyloniens, au VIe siècle av. J.-C.

Entre temps, Tyr prit le relais et s'imposa comme la cité la plus puissante de Phénicie. Les Tyriens se dotèrent d'une flotte importante et s'aventurèrent plus loin encore que leurs prédécesseurs sidoniens : ils parvinrent à Cadix en Espagne et aussi en Angleterre, et ce sont eux qui fondèrent Carthage. Les échanges avec leurs colonies affluaient. La cité elle-même était très active et regorgeait d'artisans et de commerçants. Aujourd'hui, l'ancien port est complètement submergé.

La fouille de Tyr

La ville de Tyr était située sur un îlot rocheux à 600 m du rivage. Du temps des Phéniciens, l'île était reliée au continent par un gué, qu'Alexandre le Grand transforma en digue en 332 av. J.-C.

Les archéologues, curieux de découvrir cette riche cité vantée par Ézéchiel, commencèrent à fouiller Tyr dès le XIXe siècle. Mais à l'époque, il n'était pas encore question de prospection sous-marine. Il fallut attendre Antoine Poidebard, archéologue et aumônier militaire, pour découvrir les vestiges immergés des deux ports antiques de Tyr. Il utilisa une méthode déjà employée par Paul Vega en 1927 : la photographie aérienne.

Détail d'une des bandes en bronze de la porte de Balawat au nord de l'Irak, montrant des navires près de Tyr (ici à gauche), amenant des présents à Shalmaneser III.

© The British Museum

L'élégie d'Ézéchiel (ch. 27 : 3-11)

Dans sa célèbre élégie, Ézéchiel évoque la richesse légendaire de Tyr avant le siège de treize ans que Nabuchodonosor imposa à la ville entre 586 et 573 av. J.-C. Il y décrit allégoriquement Tyr comme un navire somptueux, construit avec de précieux matériaux importés des régions les plus variées. À la lecture de ce texte, on mesure l'ampleur des entreprises tyriennes et la richesse d'une ville vers laquelle affluaient tant de biens.

O Tyr! Tu te vantes de ta parfaite beauté!
Ton domaine s'étend jusqu'en pleine mer.
Tu as été bâtie comme un splendide navire.
Tes constructeurs ont pris des cyprès de Senir
pour fabriquer toutes les parties de ta coque ;
Ils ont utilisé un cèdre du Liban pour t'en faire un mât.
Ils ont taillé tes rames
dans des chênes du Bachan.
Ils ont construit ton pont
avec des cèdres des îles grecques,
incrustés d'ivoire.
Tes voiles en lin brodé d'Égypte
permettaient de te reconnaître de loin.
Des étoffes teintes en violet et en rouge,
provenant de l'île de Chypre,
protégeaient tes marchandises.
Tu employais comme rameurs
Des hommes de Sidon et d'Arvad,
Et les Tyriens les plus habiles
dirigeaient le navire.
Des habitants de Byblos,
expérimentés et adroits,
étaient chargés de réparer tes avaries.
Tous les navires voguant sur la mer
s'arrêtaient chez toi,
et leurs équipages achetaient tes marchandises.
Des soldats de Perse, de Loud et de Pout
servaient ton armée,
ils suspendaient leurs boucliers et leurs casques
dans tes casernes.
Ils contribuaient à ton prestige.
Des hommes d'Arvad
montaient la garde sur tes murailles
en compagnie de tes propres soldats,
et des hommes de Gammad veillaient sur tes tours.
Ils suspendaient leurs boucliers aux murs qui t'entourent.
Ils portaient ta beauté à la perfection.

La naissance d'une méthode

La prospection du port de Tyr fut précédée d'une longue étude dans les archives. Poidebard s'appuya notamment sur les descriptions bibliques de la cité et sur l'ouvrage de Strabon, *Géographie*, qui offrait des descriptions partielles de Tyr. Strabon signalait que la ville comportait deux ports : l'un, au nord, était inclus dans l'enceinte de la ville, et l'autre, au sud, appelé port égyptien, était situé en dehors de l'enceinte de la ville. Par ailleurs, les textes d'Arrien, écrits au IIe siècle apr. J.-C., eux-mêmes fondés sur des textes historiques, fournirent à Poidebard et son équipe un précieux résumé de l'histoire de Tyr.

Restait-il quelques ruines de ces ports que les Anciens ne se lassaient pas de décrire ? Poidebard savait que seule une enquête sous-marine lui donnerait la réponse.

Contrairement à ses prédécesseurs, qui s'étaient fondés sur l'étude des textes anciens et qui s'étaient trouvés de ce fait dans l'incapacité de dresser le plan des deux ports, Poidebard décida de procéder à un repérage aérien du site sous-marin et de compléter cette recherche par une expédition sous-marine menée par un scaphandrier assisté d'un plongeur professionnel.

Trois campagnes de fouilles furent organisées entre 1934 et 1936. Les observations d'Antoine Poidebard sont consignées dans son ouvrage, *Tyr, un port phénicien disparu*. Si elles furent parfois remises en cause, il n'en reste pas moins qu'il fut le pionnier, grâce à ses méthodes, de l'archéologie sous-marine portuaire moderne.

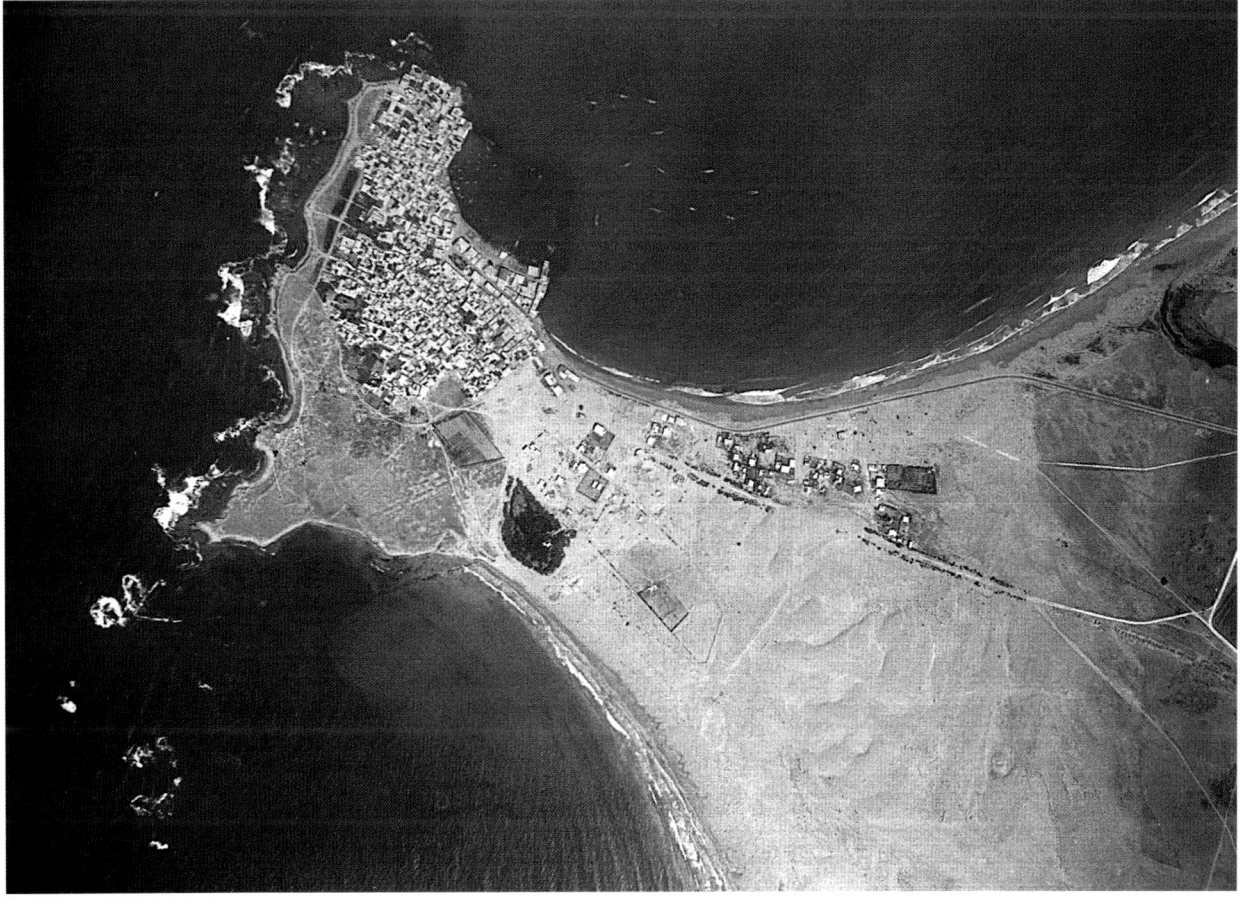

Tyr, vue aérienne verticale de la presqu'île. Sur cette photographie, les zones archéologiques sur l'isthme et au sud de la ville ne sont pas encore fouillées. On distingue sur l'isthme la voie principale, bordée d'arbres, ainsi que les vestiges submergés du port nord et du port sud.

© Bibliothèque Orientale, Université Saint-Joseph, Beyrouth.
Photo : Antoine Poidebard

Maîtres de la mer

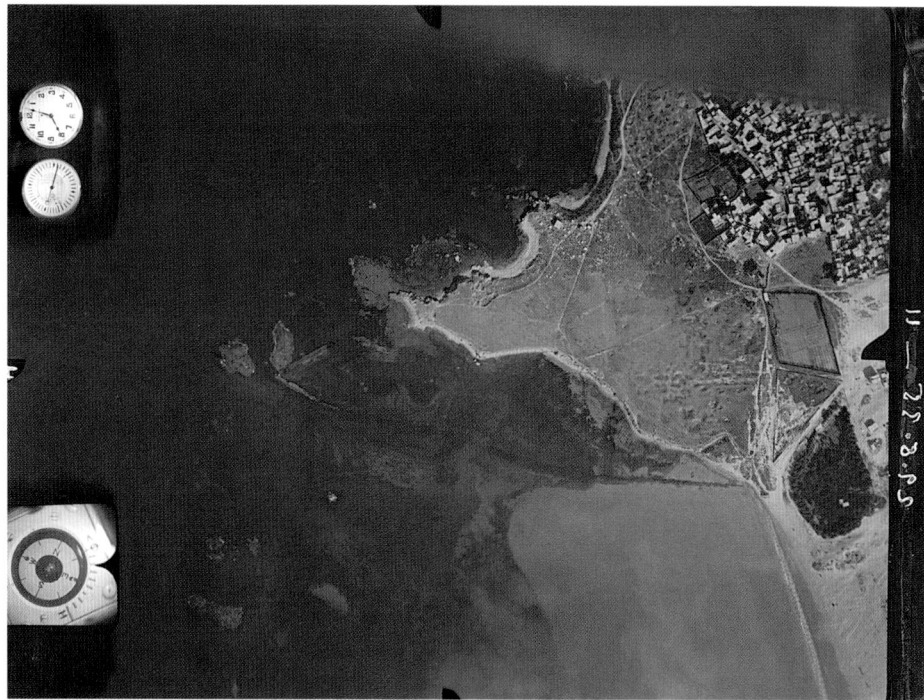

Tyr, vue des vestiges submergés supposés du port égyptien au sud de l'île et du site archéologique avant les fouilles.

© Bibliothèque Orientale, Université Saint-Joseph, Beyrouth.
Photo : Antoine Poidebard

La reconnaissance aérienne

Pour retrouver la trace des ruines antiques, l'archéologue effectua en premier lieu des reconnaissances aériennes et prit, d'avion, une série de photographies du fond de l'eau. Malgré la mauvaise visibilité due aux eaux troubles et à la lumière du soleil qui se réfléchissait sur la surface de la mer, il put ainsi repérer les vestiges et indiquer au scaphandrier les zones sous-marines à explorer.

Associées à des sondages et à l'observation sous-marine, ces photographies permirent de dresser un premier plan du site antique.

Le travail du scaphandrier

Après cette étape de repérage, ce fut au tour du scaphandrier d'explorer le gisement sous-marin. Les obstacles qui l'attendaient étaient nombreux : les ruines étaient enfouies sous des tapis d'algues et d'épaisses couches de sédiments qu'il lui fallut décaper à la pioche. Son travail était d'autant plus pénible qu'à cette époque, le scaphandre autonome n'avait pas été inventé. Le scaphandrier de Poidebard était équipé d'un casque lourd, alimenté en air depuis la surface par deux tuyaux. Cet attirail entravait considérablement ses mouvements, déjà ralentis par la houle qui fut constante pendant la fouille.

Après avoir dégagé les objets, le scaphandrier devait prélever certains matériaux. L'emplacement des vestiges extraits fut reporté sur le plan et les prélèvements furent envoyés pour analyse dans un laboratoire parisien. Lorsqu'il remontait à la surface, le scaphandrier faisait le compte-rendu de ses observations et dessinait les croquis des objets étudiés. Comme il lui était difficile d'apprécier les distances sous l'eau, il dut effectuer plusieurs plongées au même endroit pour vérifier ses analyses. Ses mesures furent également contrôlées par un plongeur muni d'une lunette de calfat, un caisson comportant une vitre spécialement conçue pour voir sous l'eau jusqu'à 12 m de fond.

I. Les Phéniciens en mer

Les photographies sous-marines

La photographie sous-marine permit également de contrôler et de compléter les observations des plongeurs. Elle fut effectuée depuis la surface au moyen d'une lunette de calfat équipée d'un appareil photographique. Pour que les objets apparaissent non déformés, l'appareil devait être tenu verticalement. Ces prises de vue verticales n'étant pas suffisantes, le scaphandrier réalisa des prises de vue horizontales, sous l'eau, grâce à un appareil intégré dans un boîtier étanche avec une petite caméra 9,5 mm puis, en 1936, avec un appareil photo Leica. Grâce à cette double prise de vue, il fut possible de restituer précisément la forme et les dimensions des ruines.

Le résultat des fouilles : reconstitution des deux ports de Tyr

Les deux ports témoignaient du génie des Phéniciens. Ils composaient un vaste ensemble élaboré et judicieusement abrité des vents.

Le port nord était constitué d'un môle, de 8 m d'épaisseur, qui partait de la tour d'enceinte située à l'est du phare moderne. Il était en outre protégé par une barrière naturelle de récifs émergeants, qui s'étendait sur 1600 m et qui s'opposait aux vents du nord et de l'ouest. Les observations du scaphandrier ne permirent pas de savoir si les récifs avaient été aménagés en brise-lames.

L'enquête dans le port sud fut plus fructueuse et révéla l'architecture d'ensemble du port égyptien.

Celui-ci était délimité au sud et à l'ouest par deux môles. Le môle sud faisait 750 m de long et 8 m d'épaisseur. En son milieu, les Phéniciens avaient

Tyr, vue sous-marine verticale.
Plongeur et scaphandrier.

© Bibliothèque Orientale, Université Saint-Joseph, Beyrouth.
Photo : Antoine Poidebard 1936

Scaphandrier prenant une photographie à l'aide d'un appareil dans un caisson étanche dans le port sud de Tyr.

© Bibliothèque Orientale, Université Saint-Joseph, Beyrouth.
Photo : Antoine Poidebard 1936

construit l'entrée principale du port. L'angle formé par la jonction des deux môles avait la forme d'un éperon et arrêtait efficacement les vents d'ouest et du sud-ouest. Ils étaient constitués de blocs de pierre rectangulaires disposés en boutisse. Une tour imposante avait été dressée entre le môle ouest et la muraille antique de la ville.

Le port égyptien comprenait plusieurs bassins. La partie ouest en présentait deux, l'un polygonal et l'autre rectangulaire. Dans ce périmètre, on retrouva les vestiges d'un quai entouré de murs de pierres. Si la partie supérieure est d'époque romaine, les fondations, en revanche, sont beaucoup plus anciennes et vraisemblablement phéniciennes. La partie est comportait deux bassins, un de forme polygonale et un de forme dallée. On retrouva là aussi les ruines d'un quai.

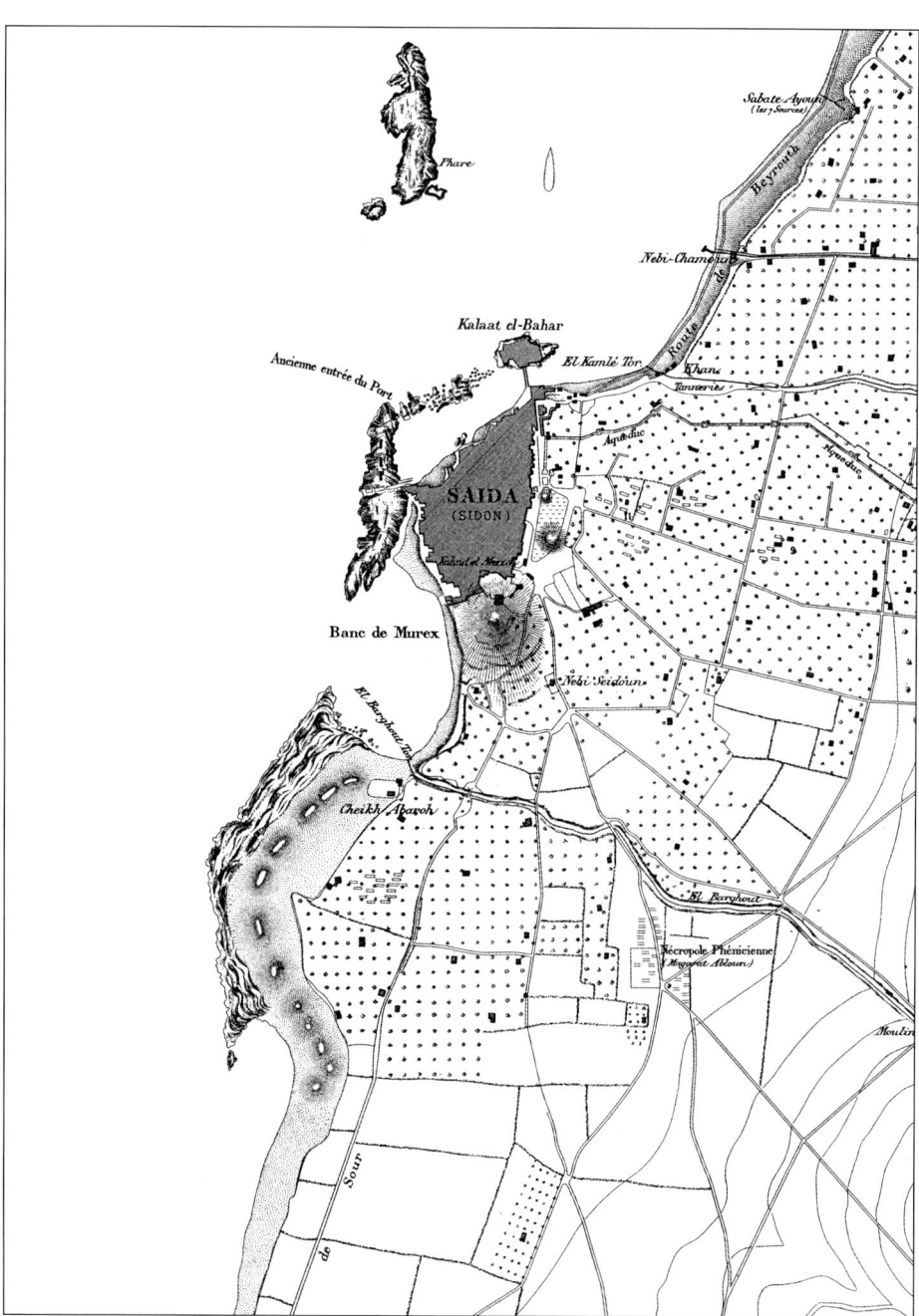

Une carte représentant le littoral et la fouille archéologique du port antique de Sidon.

Carte tirée d'*Une Nécropole royale à Sidon*, O. Hamdy Bey, T. Reinach, Paris, 1892

Le port n'était pas seulement protégé contre les vents et la houle par les môles : au-delà, à environ 2 km au large des côtes, la rade était formée par trois barrières de récifs sur lesquelles des brise-lames avaient été construits. Constitués de blocs de pierre, ils avaient été bâtis sur les hauts-fonds. Ce type d'aménagement des récifs se retrouve dans d'autres ports phéniciens, comme Sidon et Rouad.

La fouille de Sidon

À l'époque phénicienne, la ville de Sidon était juchée sur un petit promontoire et abritait deux ports : un port intérieur au nord et un port extérieur au sud. Antoine Poidebard entreprit la fouille du site entre 1946 et 1950 et appliqua les mêmes méthodes de prospection aérienne et sous-marine qu'à Tyr. Son ouvrage, *Sidon, l'aménagement du port antique*, rend compte de ses observations.

Ici, plus qu'à Tyr, il lui fut difficile de distinguer les constructions phéniciennes des constructions ultérieures, la ville ayant subi de nombreux réaménagements aux cours des époques perse, hellénistique et médiévale notamment. Il est possible que les successeurs des Phéniciens à Sidon, loin de détruire leurs œuvres, les aient simplement améliorées et agrandies ; certaines parties des ports datent toutefois clairement d'une époque postérieure à la période phénicienne.

Le port nord, constitué de deux bassins, avait été aménagé comme à Tyr de façon à le protéger des vents, du ressac et de l'ensablement. À l'ouest, cette protection était assurée par une barrière naturelle de récifs. Trop basse par endroits pour freiner efficacement le vent, elle avait été rehaussée d'une muraille et aménagée en quais. Au nord et à l'est, le port était abrité par deux môles. Le môle nord partait de l'extrémité nord de la barrière naturelle. Il s'étendait sur

Sidon, vue aérienne verticale de la passe du port nord. On distingue les constructions qui renforçaient la ligne de récifs, protégeant le port nord, prolongée par une jetée.

© Bibliothèque Orientale, Université Saint-Joseph, Beyrouth.
Photo : Antoine Poidebard 1936

Maîtres de la mer

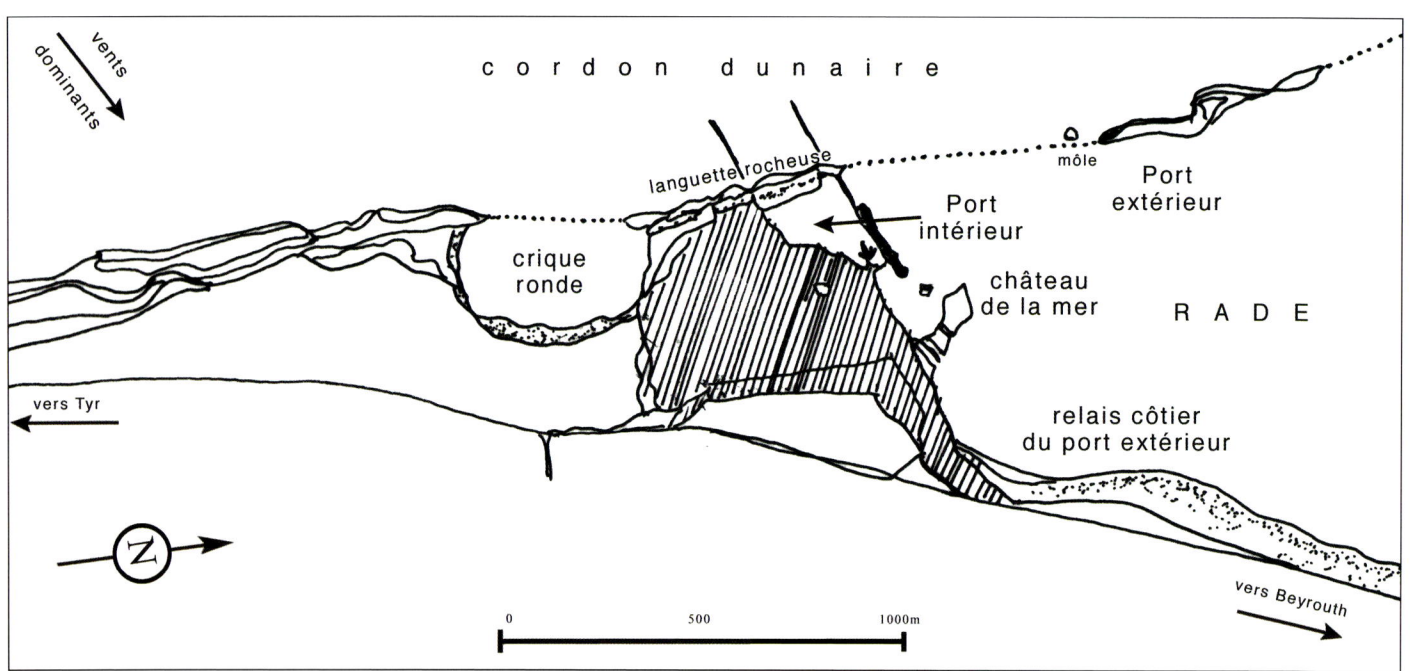

Carte générale de Sidon.

A. Poidebard et J. Lauffray

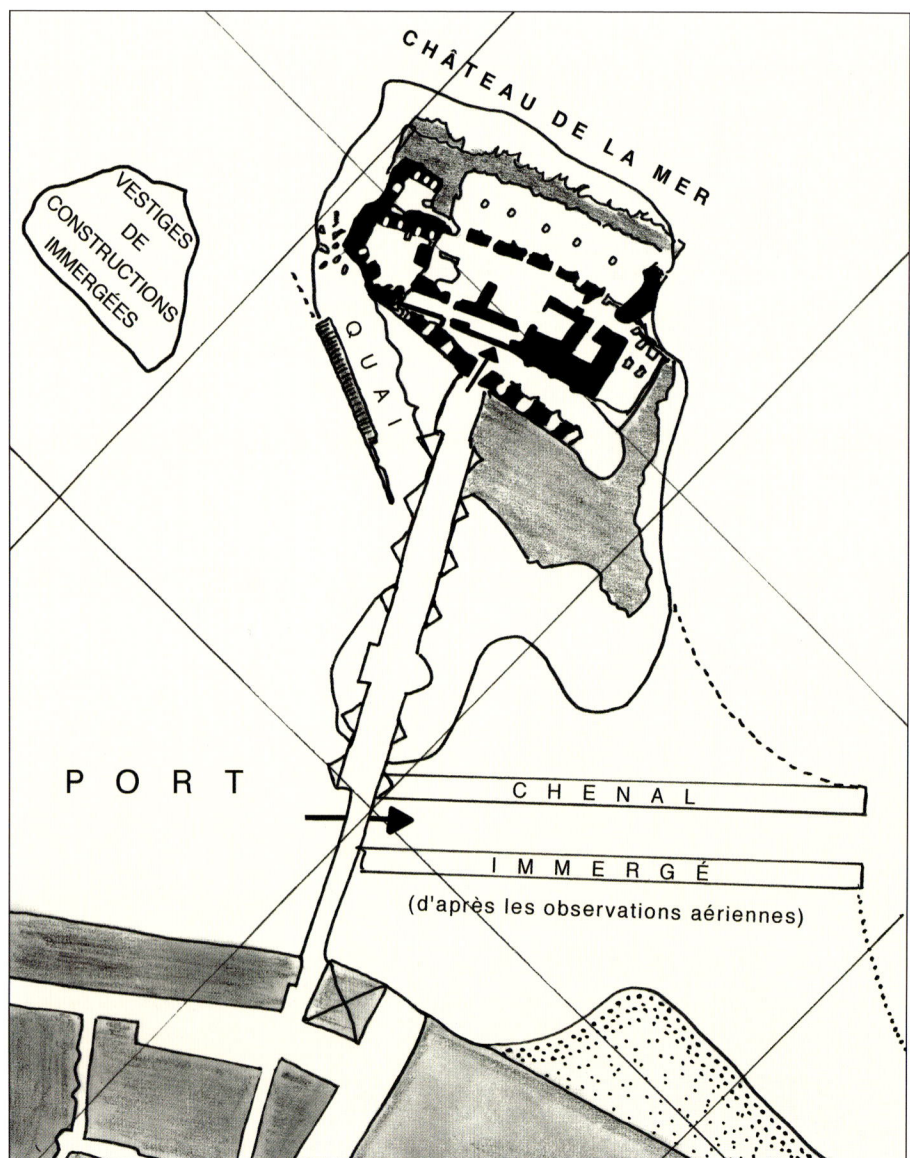

Plan du château de la mer, Sidon.

A. Poidebard et J. Lauffray

I. Les Phéniciens en mer

230 m et était prolongé par une jetée. Certains vestiges permettent de penser que des tours de guet avaient été bâties sur le pourtour des môles, afin de protéger le port contre les assauts des ennemis.

Le port sud avait été pareillement aménagé pour faire barrage aux vents et à la houle. Il comportait un môle perpendiculaire au rivage. Entre le rivage et le môle, un passage de 8 m de large servait d'entrée dans le port. Le môle lui-même était utilisé comme un quai. Mais sa longueur – 50 m – n'étant pas suffisante pour accueillir les nombreux navires phéniciens, les rives avaient également été aménagées en quais. Plus de 30 bittes d'amarrage furent identifiées, toutes antérieures à l'époque romaine et sans doute phéniciennes.

Qu'il s'agisse de Motyé, Tyr ou Sidon, ou encore des quelques ruines phéniciennes retrouvées dans le port antique de Carthage, tous ces sites indiquent que les Phéniciens maîtrisèrent très tôt les méthodes de construction portuaire et connaissaient les moyens d'entraver les vents dominants, la houle, l'ensablement et les assauts de leurs ennemis.

3. Les épaves

Jusqu'au milieu du XXe siècle, nous connaissions l'évolution de l'architecture navale dans l'antiquité grâce aux représentations des navires sur les fresques, les vases, les pièces de monnaie et autres objets anciens. Depuis, la découverte d'épaves datant de l'âge du bronze et de l'âge du fer permit de préciser nos connaissances dans ce domaine.

Les fouilles sous-marines révélèrent plus de navires marchands que de bateaux de guerre : plus légers, ces derniers coulaient moins fréquemment. Lorsqu'ils étaient mis hors combat, les vainqueurs s'empressaient de les récupérer et s'ils ne le pouvaient pas, les navires allaient s'échouer sur les côtes. Ne transportant aucune cargaison lourde et le bois étant très putrescible, ils disparaissaient sans laisser aucune trace.

L'iconographie connue des navires cananéens et minoens nous montre des navires en tous points très semblables. Un sceau minoen du IIe millénaire av. J.-C. représentant un navire très large équipé d'un gréement fixe au centre de la coque nous permet de confirmer la ressemblance de ces bateaux avec les embarcations phéniciennes.

Des Crétois, avec lesquels ils commerçaient, les Cananéens apprirent une méthode de construction navale avancée qui allait par la suite être reprise par les Phéniciens, les Grecs, les Romains et que l'on utilise encore aujourd'hui pour la

Ce fragment de poterie fut découvert clandestinement dans le cimetière de Kerameikos, au XIXe siècle, et fut placé au Louvre. Il date de la période Géométrique finale I, aux environs de 760-735 av. J.-C.

© Lucien Basch, *Le Musée imaginaire de la marine antique*

construction des bateaux de pêche traditionnels : c'est la méthode dite de la « coque première ». Les charpentiers plaçaient d'abord la quille et la coque, puis les couples et les barrots. Sur ces derniers, qui constituaient l'armature du navire, ils disposaient le bordé extérieur sur lequel ils appuyaient le pont supérieur. Ils plaçaient ensuite un dernier bordé à l'intérieur et calfataient la coque avec de l'étoupe. Les planches et les bordés étaient joints par un assemblage à tenons et mortaises et par des clous en métal.

Les Phéniciens construisaient leur navire avec les bois durs et résistants mentionnés dans l'élégie d'Ézéchiel : cèdre, cyprès et chêne ; le pin et le sapin étant réservés aux parties périphériques des bateaux. De grands yeux apotropaïques sculptés ou dessinés de chaque côté de la proue devaient permettre aux navires de mieux « voir » la route et d'anticiper les dangers. Considéré comme un être vivant, le navire était l'objet de soins particuliers. Le lancement d'un bateau de guerre, par exemple, était précédé de rites : des auteurs classiques racontent qu'on écrasait des corps de prisonniers sous la coque afin que le navire ne connaisse pas d'autres écoulements de sang…

Navires de guerre et de commerce

En temps de guerre, les navigateurs recherchaient avant tout la vitesse et la maniabilité. Par conséquent, les charpentiers construisaient des navires légers et assez longs pour qu'ils puissent accueillir un grand nombre de marins et de soldats. Pour favoriser la vitesse, ils préféraient utiliser des avirons et se servaient de la voile seulement pour diriger le navire. La poupe était semblable à celle des navires de commerce tandis que la proue en différait sensiblement.

Modèle en bois d'un pentécontore.
© Hellenic Maritime Museum

I. Les Phéniciens en mer

Reconstitution d'un navire punique. On peut voir la totalité du navire sur le dessin du haut. Le détail de la section démontre l'ingéniosité de ce type de vaisseau.

© Punic Ship Mission; dessins de Michael Leek

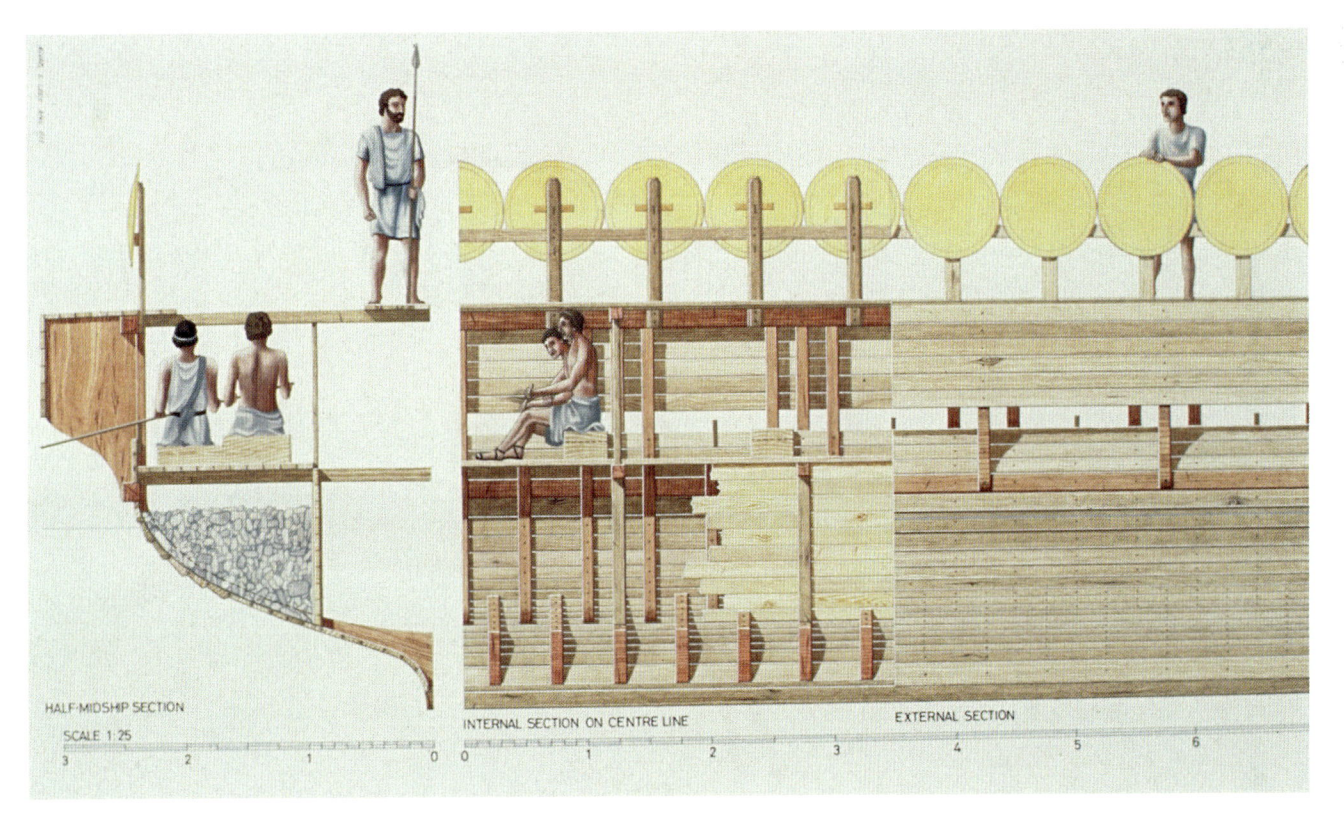

Maîtres de la mer

Fragment de poterie découvert lors des fouilles sur l'Acropole d'Athènes. Il décrit une forme plus avancée de la birème, car les rameurs sont mieux protégés d'une attaque. Il date de la période Géométrique finale, env. 700 av. J.-C.

© Lucien Basch, *Le Musée imaginaire de la marine antique*

Ce fragment de poterie fut découvert dans le cimetière de Kerameikos. Il date de la période Géométrique finale I.

© Lucien Basch, *Le Musée imaginaire de la marine antique*

Le *kylis* athénien à figure noire est peint par Nikosthenes. Bien qu'il n'y ait pas de rames (le vaisseau marche à la voile), il est très probable qu'il s'agisse d'une birème, datant de la période Archaïque finale, entre 530-510 av. J.-C. La partie inférieure de l'aviron passe en dessous du plat-bord, la partie supérieure au-dessus. La distorsion à la proue est causée par la courbure du vase.

© dessin à l'encre par Michael Wedde, tiré de *La Navigation dans l'Antiquité*, éd. P. Pomey

Elle formait la partie la plus importante du navire et constituait une arme offensive pour le combat. À l'extrémité se trouvait l'éperon ou rostre, pointe de bronze qui servait à briser les flancs des navires ennemis. La propulsion de ces navires était plus complexe, car il était indispensable, au cours de la bataille, d'évoluer et de changer de cap brusquement afin de frapper l'ennemi avec le rostre, en évitant soi-même les coup portés par les navires adverses. Pour cette raison, deux mâts se dressaient sur le pont : celui du centre portait la grande voile et un autre, situé à la proue, portait une petite voile et permettait de piloter le navire même avec des vents transversaux.

Les navires de guerre ont considérablement évolué au cours des siècles et les auteurs grecs et latins attribuent généralement l'invention de leurs différents types de vaisseaux aux Phéniciens.

Du temps des premiers Phéniciens, les navires de combat ne comportaient qu'une seule rangée de rameurs. D'environ 30 m de long sur 5 m de large, les pentécontores présentaient des lisses de chaque côté de la coque, qui servaient d'estrade aux soldats et leur permettaient de sauter aisément sur les navires ennemis. Ils possédaient un équipage de cinquante rameurs, également répartis des deux côtés.

À la fin du VIIIe siècle av. J.-C., on vit apparaître les birèmes. Celles-ci comportaient deux bancs de rameurs. Les avirons de la rangée supérieure passaient par dessus le bordage, tandis que ceux de la rangée inférieure passaient par des ouvertures percées dans la coque. Les rameurs étaient placés en quinconce afin d'éviter de heurter leurs avirons.

On retrouva la représentation d'une birème phénicienne sur un bas-relief assyrien, datant de 700 av. J.-C. On y voit un bateau courbe et long disposant d'une plate-forme où se tiennent des soldats.

À partir du VIIe siècle, les trirèmes à trois rangées de rameurs apparurent. Ces navires, d'abord utilisés par les Phéniciens, furent employés également par les

Modèle en bois d'une trirème.

© Hellenic Maritime Museum

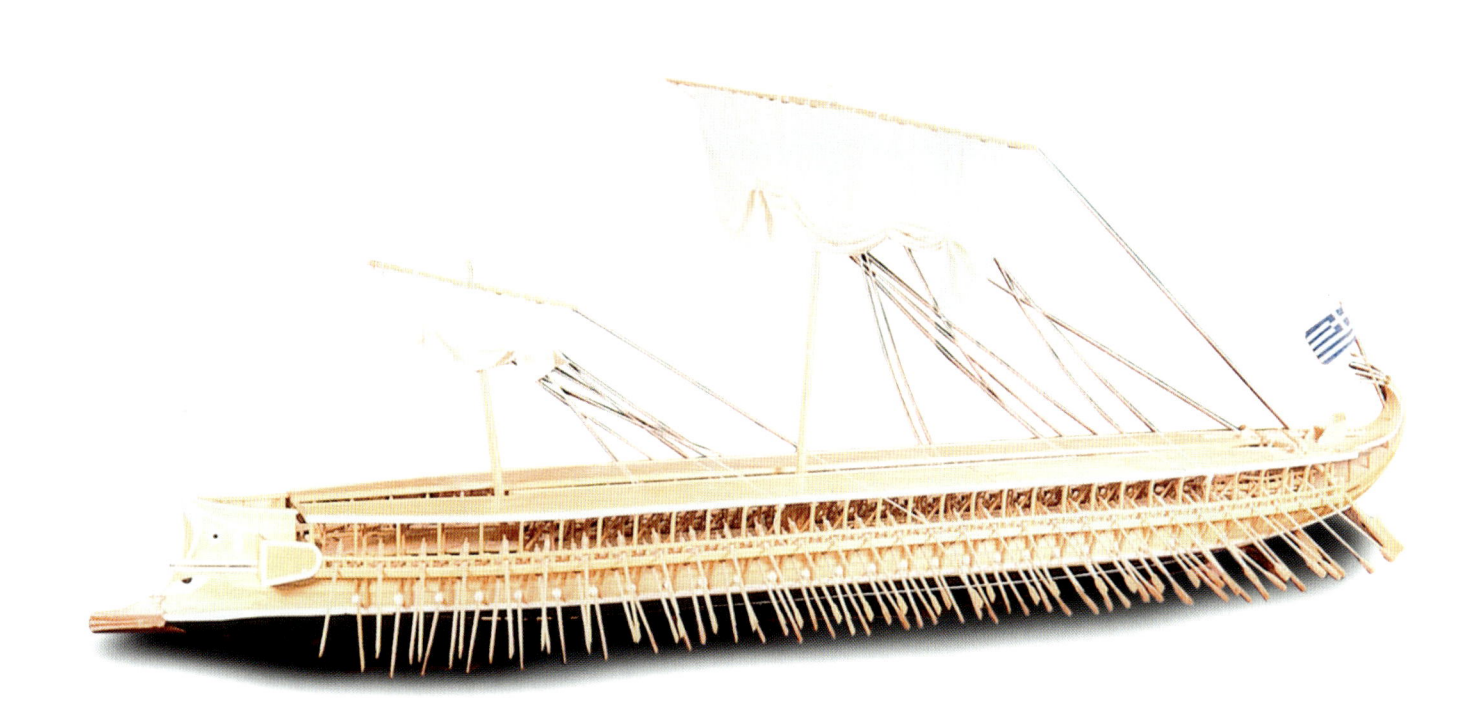

Grecs et les Romains et devinrent d'usage courant au IVe siècle av. J.-C. C'est pourquoi certains experts avancèrent que l'épave d'Isola Lunga, navire de guerre punique du IIIe siècle av. J.-C. retrouvé près des îles Égates en Sicile, appartenait vraisemblablement à ce type de bateau.

Par la suite, les rangées de rameurs se multiplièrent et l'on vit apparaître des quadrirèmes (Alexandre le Grand rapporta qu'il en avait vu de telles en Phénicie en 332 av. J.-C.), des quinquérèmes, etc. Si l'on en croit Aristote, c'est également aux Phéniciens que l'on doit l'invention de la tétrère au IVe siècle av. J.-C. : ce navire ne disposait que d'une seule file de rames, mais chacune était maniée par quatre rameurs. Sur la pentère, qui vit le jour peu après, cinq rameurs étaient appliqués sur chaque aviron.

Les navires de commerce, connus sous le nom grec de *gauloï*, terme qui exprime l'idée d'arrondi, présentaient précisément une coque profonde et étaient presque aussi longs que larges. Lourds mais lents, ils étaient conçus pour bien tenir la mer. Ils n'avançaient pas aux avirons mais à la voile, les premiers n'étant utilisés qu'en cas de nécessité. Aristote les comparait à des gros insectes à petites ailes qui ne parvenaient pas à voler lorsqu'ils maniaient les avirons.

Le mât était fixé au centre de la coque et la voile était accrochée à une vergue aux extrémités de laquelle pendaient deux drisses qui servaient à la manœuvrer. Des cordes supplémentaires suspendues au centre étaient destinées à rouler les voiles et à les attacher quand elles n'étaient pas utilisées.

Ces navires comportaient deux avirons de gouverne disposés de chaque côté de la poupe. La poupe était arrondie et se terminait par un ornement en queue de poisson ou en volute. La proue, elle aussi curviligne, était décorée d'un frise zoomorphe (tête de cheval ou d'hippocampe). Sur le flanc de la proue étaient représentés deux yeux qui avaient une double valeur symbolique : permettre de voir la route et intimider les ennemis.

Maîtres de la mer

L'épave du cap Gelidonya

George F. Bass

En 1958, un pêcheur d'éponges décrivit à Peter Throckmorton, une épave gisant à 26 m de profondeur, au large du cap Gelidonya, en Turquie. L'année suivante, Throckmorton localisa le site et réalisa qu'il se trouvait devant la plus vieille épave à ce jour découverte, datant de l'âge du bronze. Persuadé qu'une fouille archéologique sous-marine pouvait se diriger de la même manière qu'une fouille terrestre, il contacta directement l'Université de Pennsylvanie pour leur demander d'envoyer une équipe de scientifiques. L'expédition, sous la direction de George Bass, fut révolutionnaire : pour la première fois, un archéologue plongea pour étudier les restes du naufrage *in situ*, sans l'aide de plongeurs professionnels. C'est aussi la première fois qu'une épave ancienne fut fouillée entièrement au fond de la mer.

L'épave du cap Gelidonya était un navire marchand qui avait fait naufrage vers 1200 av. J.-C. Il s'était échoué sur un récif en naviguant vers deux petites îles au large du cap. Le navire et son chargement de cuivres et de bronzes chypriotes venaient du Proche-Orient, de la Phénicie. Cela surprit les archéologues, car en 1960 la plupart des spécialistes d'histoire antique croyaient que les Phéniciens ne débutèrent leurs vies de marins qu'au VIIIe siècle av. J.-C., soit à l'âge du fer. C'était les Grecs mycéniens qui détenaient, du moins le croyait-on, le monopole du commerce maritime durant l'âge du bronze.

Un morceau de lingots de la zone G demanda presque un mois de travail minutieux pour le dégager du fond marin rocheux.

© INA

I. Les Phéniciens en mer

La fouille

Bass, Throckmorton et son équipe travaillaient dans des conditions difficiles : les courants étaient forts et la profondeur du site limitaient la durée des plongées. De plus, beaucoup d'artefacts étaient recouverts d'une épaisse couche de concrétions marines, accumulées au cours des siècles, rendant impossible leur identification sous l'eau. Les chercheurs décidèrent donc de remonter, à l'aide de ballons d'air et de treuils, certains objets à bord des deux bateaux turcs de pêcheurs d'éponges, qui leur servaient de base.

À cause des restes de bois en dessous, le morceau de la zone G fut retiré délicatement du site et ramené à la surface à l'aide d'un ballon d'air.

© INA

À la surface, les artefacts étaient délicatement et soigneusement nettoyés. L'équipe découvrit ainsi une cargaison de lingots de cuivres, des morceaux d'outils en bronze, ainsi que des outils de forgeron.

La vie en mer d'un forgeron

Une grande partie de la coque du bateau était détruite en raison de l'absence de sédiments protecteurs. Toutefois, un nombre suffisant de fragments de bordage fut préservé permettant ainsi une étude d'architecture navale. Le bordage du navire était assuré par des joints à mortaises et à tenons, procédé courant dans l'antiquité grecque et romaine.

Le style des outils et des poteries transportés a permis de préciser la date du naufrage vers 1200 av. J.-C., date confirmée par l'analyse au carbone 14 des petits morceaux de bois installés sous le chargement comme protection.

La cargaison était essentiellement composée de matériaux servant à fabriquer du bronze. Trente-quatre lingots de cuivre et quelques lingots d'étain furent trouvés (le bronze est un alliage de cuivre et d'étain), ainsi que des lingots de bronze brut destinés probablement à devenir des outils. Les lingots de cuivre avaient la forme de cuir de bœuf, simplement pour les rendre plus maniables et plus faciles à porter et non pas, comme certains l'ont cru, parce qu'un lingot avait la même valeur qu'une vache.

Les archéologues découvrirent aussi une douzaine de morceaux d'outils en bronze, fragments de haches, d'herminettes, de couteaux et d'une pelle, tous destinés à être fondus et moulés en de nouveaux bronzes.

Le navire transportait aussi des outils de forgeron : une petite enclume, des marteaux, une pierre à aiguiser et des pierres à polir le métal, avec un bloc de bronze percé en plusieurs endroits pour faire passer le métal. Tous ces outils confirment la présence d'un forgeron à bord du navire.

Un navire chypriote ou cananéen ?

Les lingots de cuivre et les morceaux de bronze provenaient tous de Chypre, mais peut-on pour autant affirmer que le navire avait la même origine ? L'étude approfondie des objets personnels de l'équipage a confirmé l'hypothèse d'un navire cananéen, ou phénicien, provenant de Syrie.

La seule lampe du bateau et une paire de pierres de mortier avaient été fabriquées en Syrie. De même quatre scarabées et un sceau cylindrique de marchand, du même type que ceux utilisés par les marchands du Proche-Orient pour déposer des signatures sur des tablettes d'argiles, ont été retrouvés.

Le marchand sur le navire du cap Gelidonya transportait également six poids de pierre gradués provenant du Proche-Orient, incluant des *qedets* égyptiens et des *nesefs* et pièces de monnaie syriennes et cananéennes.

En 1994, plus de trente ans après la première mission archéologique, les plongeurs retournèrent sur le site et découvrirent, à 100 m de l'épave, l'ancre de pierre du navire, aussi originaire du Proche-Orient. Les marins avaient dû commercer avec les Chypriotes, alors qu'eux-mêmes étaient originaires de ce qui devait plus tard se nommer la Phénicie.

I. Les Phéniciens en mer

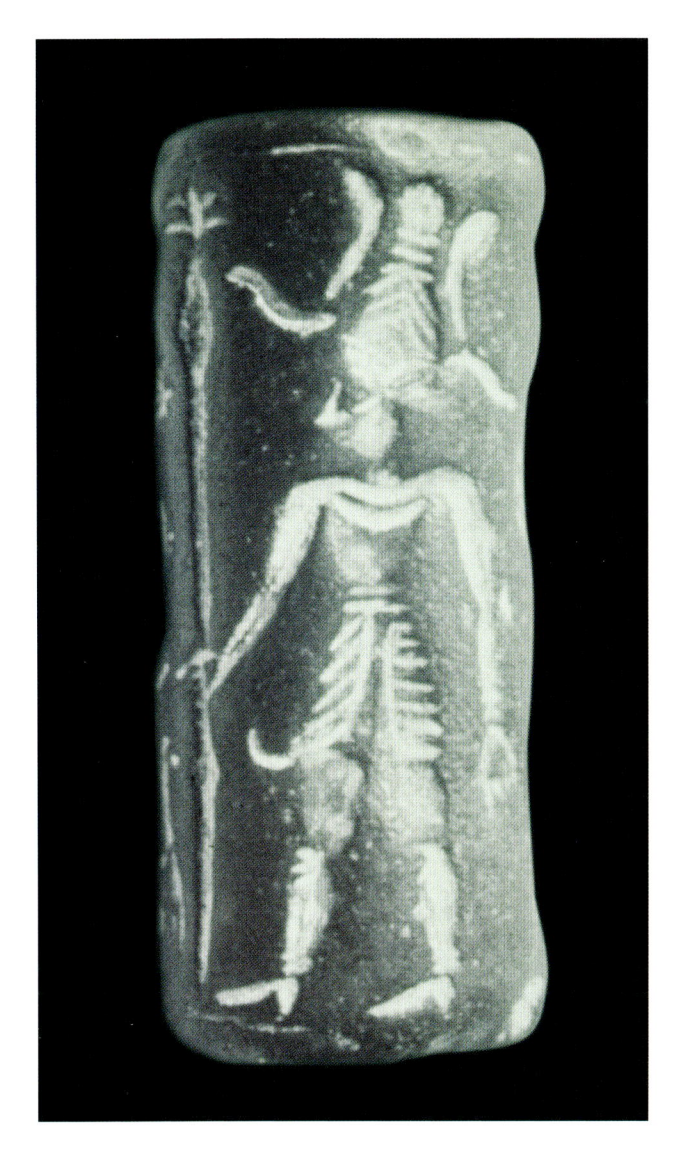

Ces trois scarabées et la plaque en forme de scarabée (gravée des deux côtés) découverts à droite de l'épave ont plus l'air d'avoir été fabriqués sur la côte syro-palestinienne qu'en Égypte.

© INA

Le sceau cylindrique du marchand fut trouvé à bord du navire, dans les «quartiers résidentiels», il est d'origine syrienne.

© INA

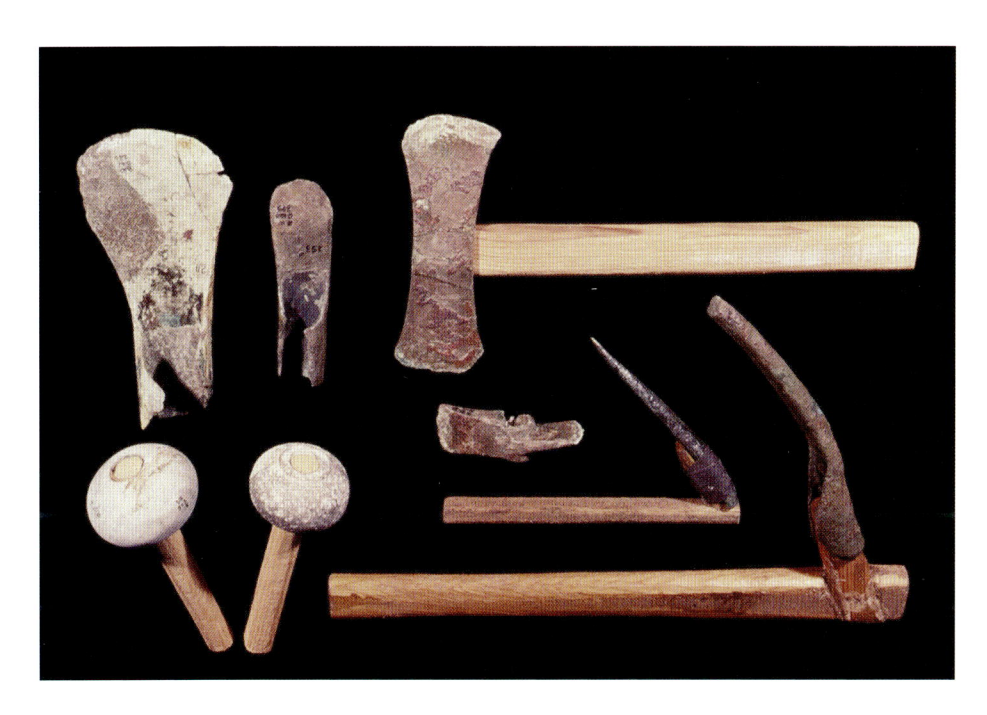

Marteaux en pierre avec des restes d'outils en bronze – tous les manches sont modernes.

© INA

Maîtres de la mer

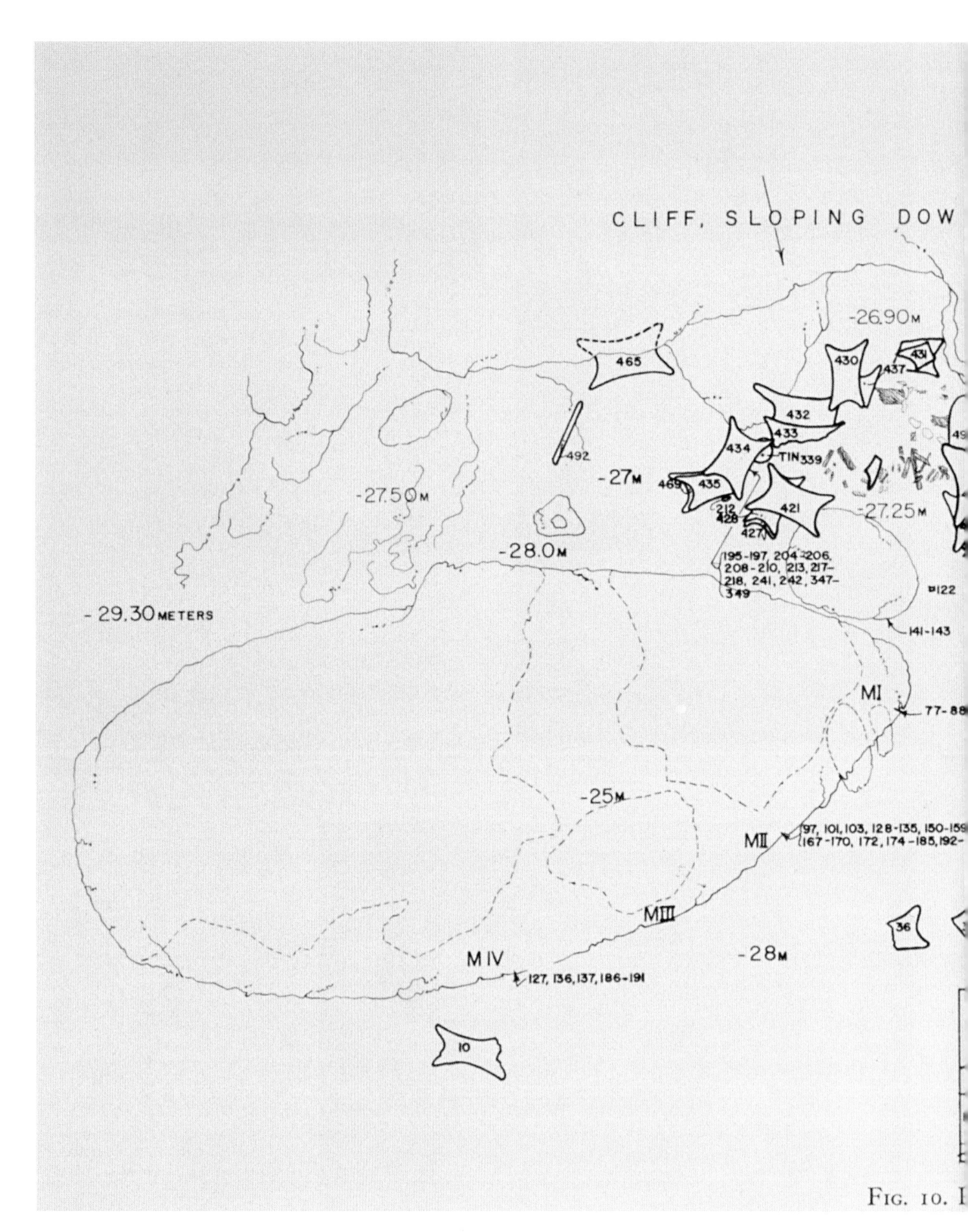

Plan du site. © INA

CAPE GELIDONYA WRECK

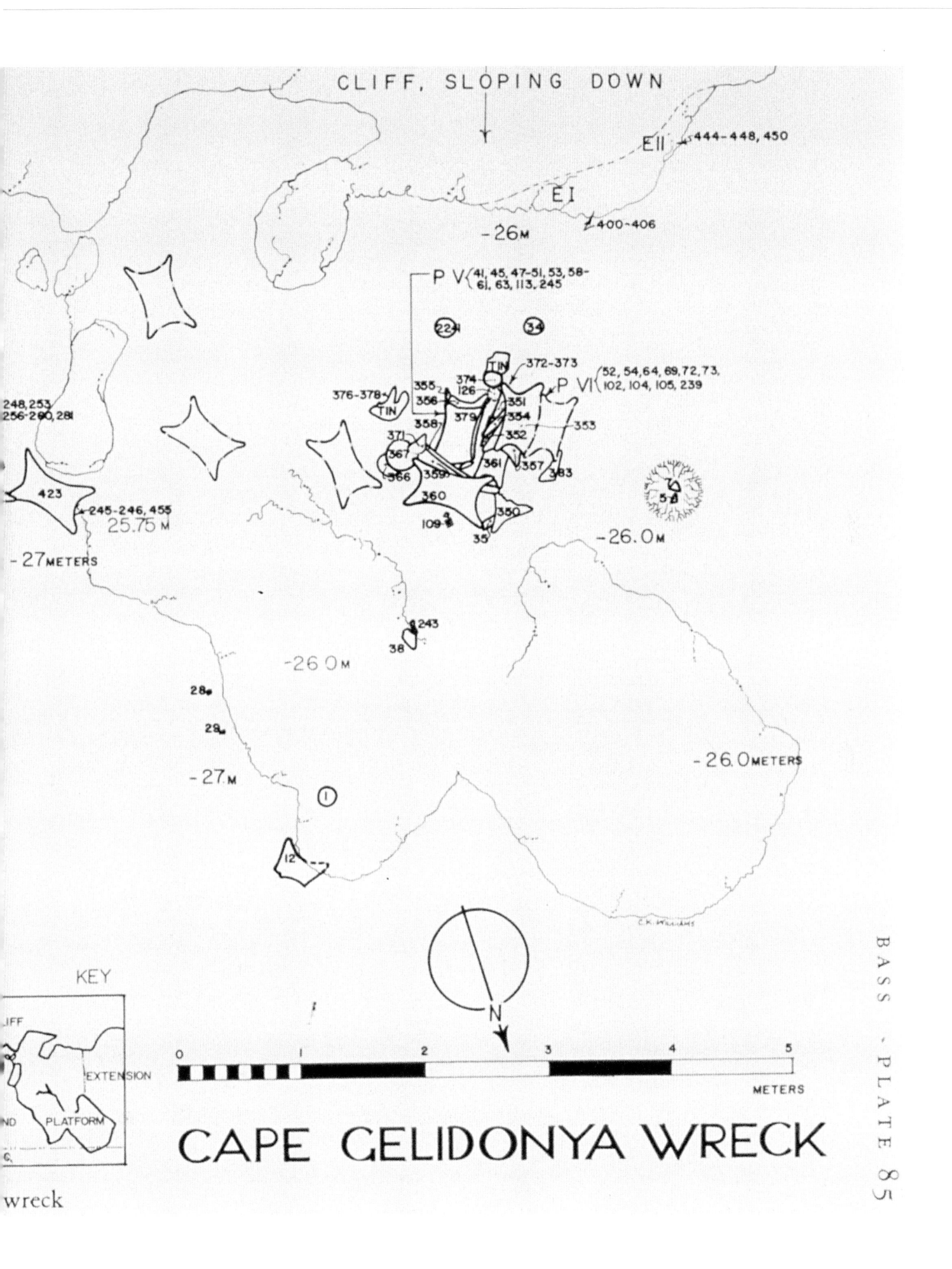

Cap Gelidonya : commentaires

George F. Bass

Je crois sincèrement que j'étais destiné à aller au cap Gelidonya. Même si je n'ai jamais cru que je plongerais moi-même un jour, je lis tous les livres sur la plongée sous-marine depuis ma plus tendre enfance, avant même que Jacques-Yves Cousteau et Emile Gagnan aient popularisé la plongée sous-marine grâce à leur équipement moderne scuba, dans les années 1940. Ainsi, lorsque mon professeur, Rodney Young, m'a demandé en 1959 si je voulais apprendre à plonger afin de pouvoir fouiller une épave datant de l'âge du bronze en Turquie, j'acceptai sans aucune hésitation et commençai des cours de plongée. La décision de venir en Turquie fut aisée à prendre, car j'avais déjà visité la Turquie lorsque j'avais vingt ans en 1953. J'y étais par ailleurs déjà retourné en 1957 en tant qu'assistant du professeur Young, lorsqu'il dirigea la mission archéologique à Gordion, la cité légendaire du roi Midas. Lorsque je fus appelé, la même année, par l'armée américaine en Corée, je fus de ce fait le seul officier américain à diriger une unité à l'intérieur de la brigade turque. Finalement, en 1959, j'obtenais une maîtrise en archéologie du Proche-Orient et tentais d'obtenir également un doctorat en archéologie classique, avec un intérêt prononcé pour la période de l'âge du bronze égéen.

Sans cette formation académique, probablement unique, je doute fort que j'aurais pu comprendre la signification historique de l'épave du cap Gelidonya. Si je n'avais pas été aussi familiarisé avec l'archéologie du Proche-Orient, à l'inverse des archéologues classiques, j'aurais sûrement pensé que l'épave datait de l'âge du bronze et l'aurais classée en tant que navire mycénien ou grec.

En effet, tous les archéologues classiques, qui relirent mon rapport de fouille en 1967, affirmaient que je me trompais sur l'origine du navire (Proche-Orient). Tous acceptaient en effet encore la thèse de l'hégémonie des Grecs sur la navigation et le commerce maritime dans la Méditerranée orientale pendant l'âge du bronze.

La théorie de la domination mycénienne sur la mer était basée sur la circulation des poteries mycéniennes à travers le Proche-Orient, alors que peu de poteries originaires du Proche-Orient avaient été trouvées sur les sites archéologiques en Grèce. Il me semblait trouver une faille dans cette théorie. J'avais fait remarquer que la poterie mycénienne n'était pas donnée gratuitement et qu'une chose de valeur égale aurait dû être envoyée en échange en Grèce. Mais qu'est-ce que cela pouvait être ?

Rien de tel n'était répertorié dans les archives archéologiques. J'ai suggéré que les biens échangés devaient être des matériaux bruts, tels que le cuivre, l'étain, l'or et l'ivoire, tous utilisés pour la fabrication de produits typiquement mycéniens à leur arrivée dans les ports grecs et ne laissant ainsi aucune trace de leur origine.

De retour sur le site à la fin des années 1980, presque trente ans après la première fouille, nous localisâmes deux jarres à étrier de type Mycénien IIIB bien préservées à environ 50 m de la zone principale du naufrage.
© INA

I. Les Phéniciens en mer

Plus de vingt ans après, la fouille archéologique de l'épave d'Uluburun en Turquie, datant aussi de l'âge du bronze, avec ses tonnes de cuivres, d'étains, d'ivoires, de bois, de résines et verres bruts confirmèrent mes théories.

Combien d'étudiants diplômés en archéologie en 1959 possédaient autant de livres sur la plongée que sur l'archéologie ? Combien avaient déjà travaillé en Turquie et désiraient y retourner ? Et combien avaient étudié autant le Proche-Orient que l'archéologie grecque pré-classique ? Sans aucun doute, j'ai eu la chance d'être la bonne personne au bon moment lorsque le professeur Young vint me voir.

Ci-dessus : Les archéologues plongent des deux bateaux à éponges.
© INA

(De gauche à droite) Peter Dorrell, George Bass, Peter Throckmorton et Honor Frost travaillent sur le plan du site.
© INA

Tête en terre cuite de la déesse punique Tanit.

© Roger Wood / CORBIS

Les épaves Tanit et Elissa

Au cours d'une mission à l'été 1997, le sonar très perfectionné d'un sous-marin nucléaire américain enregistra l'emplacement de trois épaves. Cette découverte suscita l'intérêt des archéologues pour qui deux d'entre elles dataient probablement de l'âge du fer et méritaient, de ce fait, une étude complète. Une seconde expédition fut donc organisée en 1999, par l'IFE (Institute for Exploration). L'équipe était composée d'archéologues de la Leon Levy Expedition à Ashkelon, sous la direction de Lawrence E. Stager, professeur de Harvard University et du Dr Robert Ballard, et était aidée par des océanographes et des ingénieurs provenant de Woods Hole Oceanographic Institution, Massachusetts Institute of Technology et de John Hopkins University.

L'épave Tanit, baptisée en l'honneur de la déesse Tanit, protectrice des marins phéniciens durant l'âge du fer, et celle d'Elissa, qui porte le nom d'une princesse tyrienne, sœur de Pygmalion, sont les plus vieilles épaves découvertes en eau profonde, à 400 m. Il s'agissait de deux navires marchands phéniciens du VIIIe siècle av. J.-C.

Les archéologues missionnés pour la fouille travaillaient à bord du *Northern Horizon*, un ancien chalutier anglais transformé pour la recherche scientifique, équipé de deux sous-marins très sophistiqués, le *Jason* et le *Medea*, tous deux munis de sonars, de caméras et d'appareils photographiques de dernière technologie. Ils utilisèrent aussi le très puissant DSL-120, un sonar de 120 kHz à balayage latéral. Grâce à cet équipement perfectionné et au travail efficace des scientifiques, l'équipe n'eut pas de problème à localiser précisément les deux épaves concernées.

Ils envoyèrent d'abord les deux sous-marins faire des relevés précis hydrographiques des lieux. Puis, ils effectuèrent une série de prises de vue, qui, recomposées, constituèrent une photomosaïque digitale, révélant l'ensemble du gisement sous-marin. En effet, la luminosité sous-marine n'étant pas favorable à l'étude scientifique d'une grande superficie, la construction d'une photomosaïque, composée d'images plus petites, prises sous l'éclairage de projecteurs puissants, était nécessaire pour le travail des archéologues. Néanmoins, même si celle-ci permet une vision plus claire de l'épave, les scientifiques ne peuvent pas en extraire des données exactes. Ils firent donc une microbathymétrie du site. Ce système d'images, associé aux différentes cartes de fond, établies au moyen des sonars donna une vision complète des navires, de leur chargement d'amphores et permit de mieux distinguer les objets à prélever. Ce fut un travail long et minutieux.

La prochaine étape consista à remonter certains des objets qui leur semblaient utiles pour déterminer l'âge et l'origine des navires. Cette entreprise ne fut pas aisée : il fallut recourir à des robots, munis de pinces de préhension afin d'extraire délicatement les artefacts sélectionnés, sans perturber le site. Chaque objet prélevé fut ensuite placé dans un filet et remonté à la surface dans un monte-charge. Leur emplacement était aussi systématiquement reporté sur la photomosaïque et sur un plan de fouille.

I. Les Phéniciens en mer

Trois jarres avec becs en forme de champignon.

© Gianni Dagli Orti / CORBIS

Épaves phéniciennes de haute mer

Lawrence E. Stager

Il nous faut imaginer que dans les temps très anciens, entre 750 et 700 av. J.-C., une flottille de navires phéniciens naviguait à environ 33 milles nautiques des côtes sur une route orientée est-ouest. Elle reliait l'ancien port d'Ashkelon à celui de Carthage, en passant par le delta du Nil. Les marins furent surpris par des vents très violents, qui provenaient de la côte du Sinaï et changèrent subitement de direction : d'abord du nord-est, ils laissèrent place ensuite au sirocco, qui souffle du sud-est. Une tempête s'ensuivit et provoqua le naufrage de ces navires marchands de taille modeste.

Ils coulèrent à pic et s'enfoncèrent verticalement dans la glaise molle du fond de la Méditerranée, à quelque 400 m de profondeur, interdisant de ce fait une utilisation des techniques classiques de l'archéologie sous marine pour les explorer. Ces deux épaves reposaient à 2 km de distance l'une de l'autre, jamais dérangées et ignorées du monde jusqu'à l'arrivée

Maîtres de la mer

Table montrant l'évolution des formes de poteries phéniciennes

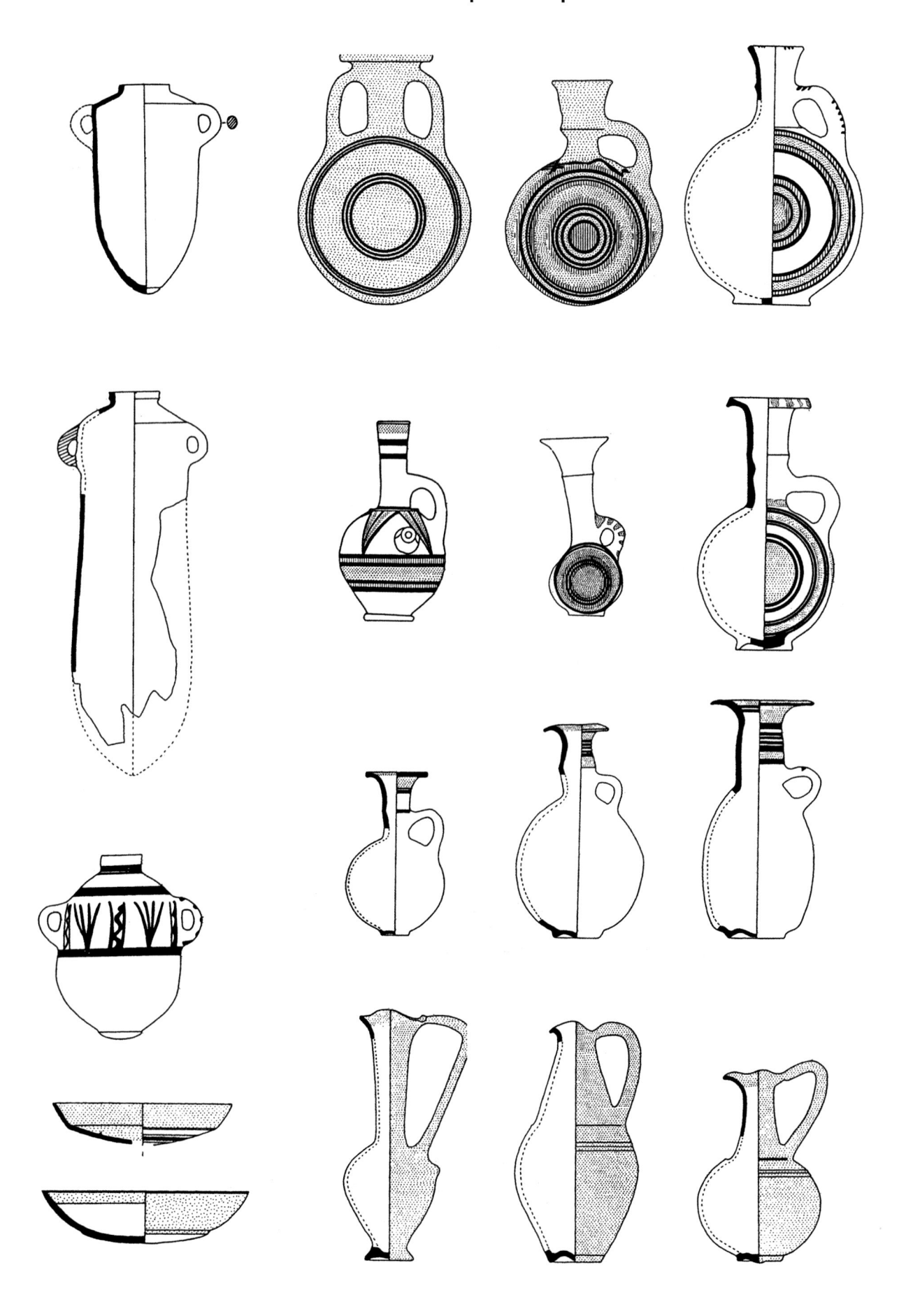

I. Les Phéniciens en mer

d'un sous-marin nucléaire de recherche appartenant à la marine américaine. Le NR1, en mission pour retrouver un sous-marin israélien disparu, localisa trois épaves en 1997. Des films vidéos de deux des épaves furent montrés au Dr Robert Ballard, fondateur et directeur de l'IFE, qui à son tour m'invita à les visionner. Les images étaient troubles et floues, mais je pus reconnaître que le site d'une des épaves paraissait très ancien, peut-être même datant de la période de l'âge du fer. Dans l'espoir de découvrir la plus ancienne des épaves retrouvée en eau profonde, nous décidâmes d'organiser en 1999 une expédition dans le but d'étudier, de faire le plan et de photographier ces deux épaves.

Photomosaïque du Tanit, ou l'épave A, qui date d'environ 750 av. J.-C. La déesse Tanit, protectrice des marins phéniciens durant l'âge du fer, succéda à l'Astarté cananéenne et à « l'Ashera de la mer ».

© Institute For Exploration, Woods Hole Oceanographic Institution, et la Leon Levy Expedition to Ashkelon

Dimensions des navires

Après leur naufrage, le Tanit et l'Elissa s'enfoncèrent dans les fonds boueux de la Méditerranée jusqu'au niveau de leur pont. Très rapidement, un phénomène d'abrasion s'attaqua à leur coque de bois, révélant des centaines d'amphores disposées par étage de 1,5 m à 2 m de hauteur. Leurs cargaisons épousaient la forme des navires et traçaient ainsi les contours de leurs coques disparues depuis longtemps, ce qui nous permit d'obtenir leurs tailles approximatives. Mais la micro-bathymétrie fournit leurs dimensions exactes : celle de Tanit mesurait 11,5 m de long sur 4,5 m de large et l'Elissa 12 m sur 5 m. On a pu en déduire que les deux navires mesuraient entre 14 m et 14,5 m de la proue à la poupe et entre 5,5 m et 6 m dans leur plus grande largeur.

L'équipage et son port d'attache

Parmi les effets personnels des équipages du Tanit et de l'Elissa, on découvrit des marmites similaires à celles trouvées sur la côte libanaise, une

Photomosaïque de l'Elissa, ou l'épave B, qui date d'environ 750 av. J.-C. Elissa, princesse tyrienne et sœur du roi tyrien Pum'yaton (connu sous le nom de Pygmalion) s'enfuit de la Phénicie pour se diriger vers Chypre et prit un équipage phénicien. Ensemble, ils naviguèrent vers l'ouest de la Méditerranée. D'après la légende, elle découvrit Carthage.

© Institute For Exploration, Woods Hole Oceanographic Institution, et la Leon Levy Expedition to Ashkelon

jatte faite à la main provenant d'Égypte, un mortier pour broyer des condiments, de facture syrienne, une petite amphore, une carafe à vin au bec en forme de champignon qui servait aux libations et un petit encensoir portatif. Les affaires personnelles d'un équipage donnent les meilleurs indices pour connaître l'origine ou la nationalité d'un bateau. Dans le cas qui nous intéresse, la cargaison d'amphores et les objets des marins suggèrent que le navire était d'origine phénicienne et datait de la deuxième moitié du VIIIe siècle av. J.-C. La carafe à bec en forme de champignon est l'objet le plus significatif ; ce type de bec, qu'il provienne d'une cruche, d'un carafon ou d'une carafe, indique indéniablement une origine phénicienne.

Les cargaisons

Les amphores sont de loin les objets les plus répandus à bord des deux navires. Vides, elles pèsent environ 6,7 kg chacune ; remplies d'eau ou de vin, elles atteignent en moyenne 24,68 kg. Ce type d'amphore est bien connu : on en retrouve régulièrement lors de fouilles terrestres menées en Orient, sur des sites occupés ou détruits par les Assyriens dans la deuxième moitié du VIIIe siècle av. J.-C., tels ceux de Megiddo III, Hazor VI-V et Tyr III-II.

Les centres de production des amphores en forme de torpilles « torpedo » se trouvaient en Phénicie. Au VIIIe siècle av. J.-C., le port le plus important était l'île-cité de Tyr, où furent découverts des tessons provenant d'amphores du même type. L'intérieur de celles du Tanit et de l'Elissa avait été enduit d'une résine qui une fois analysée se révéla être de la poix de pin. Elles contenaient des traces d'acide tartrique, preuve qu'elles avaient contenu du vin. Leur taille et leur largeur étaient remarquablement similaires : chacune contenait en moyenne 17,8 litres. La standardisation des procédés de fabrication à cette époque se rapproche des critères des niveaux les plus élevés de la période pré-industrielle. Elle témoigne de la division du travail qui accompagne classiquement l'existence de marchés de grande consommation.

Destination

La destination finale du Tanit et de l'Elissa nous est inconnue. À l'époque de leur naufrage les Phéniciens avaient déjà établi des colonies sur les territoires du centre et de l'ouest méditerranéen. Carthage était alors la plus connue. Les colonies contemporaines de cette période, que ce soit Carthage ou celles installées le long des côtes espagnoles ont toutes fourni un nombre considérable d'amphores en forme de torpille, similaires à celles retrouvées à bord de nos deux épaves et toutes importées des pays du Levant.

Une destination possible et, à mon avis, la plus probable, était que cette grande quantité de vin était destinée à l'Égypte. Un des objets personnels de l'équipage au moins provenait d'Égypte, le bol à fond rond.

En effet, l'élément le plus important pour déterminer la destination de nos deux bateaux est leur chargement de onze tonnes de vin chacun. Parmi les sources de nos connaissances sur les échanges commerciaux entre la Phénicie et l'Égypte durant la période tardive de la domination perse, nous disposons d'une liste qui inventorie les denrées importées par les Égyptiens, d'Ionie et de Phénicie. Elle indique que le vin y tenait la première place et rapporte que des navires phéniciens arrivés en Égypte dans les trois derniers mois de l'année 475 av. J.-C. transportaient en plus de leur important chargement de vin, des lingots de cuivre, de fer et d'étain, de même que des poutres (probablement en cèdre du Liban), des ballots de laine et de la glaise de potiers.

Désastre en haute mer

Les navires Tanit et Elissa perdus en mer, si loin des terres nous ont-ils indiqué l'axe reliant la côte nord du Sinaï au delta égyptien ? Était-ce la route empruntée par les navires phéniciens au VIIIe siècle av. J.-C. ?

L'idée la plus répandue, mais jamais prouvée, est que les anciens marins naviguaient autour de la Méditerranée au gré des vents dominants selon un circuit allant en sens inverse des aiguilles d'une montre. Les deux épaves d'Ashkelon n'avaient pas chaviré, précipitant ainsi leurs cargaisons d'amphores et d'ancres par-dessus bord. Au lieu de cela, elles se sont déposées en douceur sur un fond plat, coulant à pic mais s'enfonçant profondément dans les sédiments argileux du fond de la mer. Les navires lourdement chargés ont été engloutis, lorsque, tirant une bordée face au vent,

Maîtres de la mer

une vague gigantesque les entraîna par le fond lors d'une violente tempête, si fréquente au large de ce morceau de côte au nord du Sinaï.

Dans la Bible (Ézéchiel, 27) il est dit que les marins phéniciens naviguaient constamment et sillonnaient la Méditerranée dans toutes les directions. En 600 av. J.-C., ils pratiquaient donc déjà la navigation hauturière (en hébreu *mayim rabbim*) qui les menait directement à leur destination. L'emplacement de nos épaves phéniciennes laisse à penser qu'ils en faisaient autant deux cent cinquante ans auparavant. Il y a vraisemblablement une myriade de ces navires perdus en haute mer qui dorment depuis des siècles dans les profondeurs marines ; nous pourrions aujourd'hui grâce à la technologie les retrouver et cartographier leurs routes.

L'équipe

L'ensemble du projet fut dirigé par le Dr Robert Ballard, directeur de l'Institute for Exploration, le professeur Lawrence E. Stager de Harvard University était directeur de l'équipe archéologique. Les travaux furent sponsorisés par l'Office of Naval Research, National Geographic Society ainsi que par M. Leon Levy et Mme Shelby White.

Fouille de l'épave de Mazarrón I. Les plongeurs ont installé le carroyage sur les restes de la coque. Des sacs plastiques sont à leur disposition pour remonter les artefacts.

© Museo Nacional de Arqueologia Maritima, Cartagène.
Photo : P. Ortiz

Les épaves Mazarrón I et II

L'archéologie bénéficie parfois de l'aide du hasard et souvent, à l'occasion de chantiers de construction modernes, des vestiges sont mis à jour. C'est ainsi qu'en septembre 1994, lors de la construction d'une marina sur la Playa de la Isla, dans la ville de Mazarrón au sud de l'Espagne, une épave fut découverte.

Cinq ans plus tard, le Centre national des recherches archéologiques sous-marines (CENIAS), avec l'appui des pouvoirs publics, lança une campagne de fouille qui dura deux ans.

La mission, baptisée projet « Barco Fenicio » (navire phénicien), était constituée de 13 membres permanents sous la direction du Dr Ivan Negueruela. Le groupe pluridisciplinaire était composé d'archéologues, de conservateurs et de photographes, assistés occasionnellement de chercheurs espagnols et européens.

Si on ignore tout de l'histoire du navire et du naufrage, sa cargaison, en revanche, était d'une richesse extraordinaire. Pendant plus de deux millénaires, l'action physique et chimique de l'eau de mer aurait pu totalement détruire la structure en bois du bateau ; cependant, une partie de l'épave fut sauvée, conservée grâce à la couche protectrice de sable dont elle était recouverte.

Un petit navire du VIIe siècle av. J.-C.

En premier lieu, la fouille devait se résumer à une prospection systématique du site sur 72 000 m² sans extraire les restes du navire. Les chercheurs commencèrent par établir la topographie précise du site, puis, les archéologues procédèrent à l'étude du navire et de sa cargaison. Pour approfondir les recherches, certains prélèvements furent effectués puis transportés au musée national d'archéologie sous-marine de Cartagène, où ils furent traités chimiquement afin d'être analysés et conservés.

Le navire mesurait 5,5 m de long et 1,3 m de large, alors que sa taille avait été initialement estimée à environ 8 m de long et 2 m de large. Sa coque, enfouie sous une fine couche de sable, était en excellent état de conservation. Il restait encore quelques planches de la quille et une bonne partie de sa structure. Les fragments restants de la quille mesuraient 4 m de long et neuf planches de bois étaient reliées à la coque par des joints à tenons et à mortaises, procédé couramment employé dans l'antiquité. Plusieurs morceaux de cordes pétrifiées furent aussi découverts. Des deux côtés de l'épave, à l'intérieur et à l'extérieur, les chercheurs trouvèrent de la résine qui servait certainement à étancher le navire. L'analyse de la structure et des pièces permit la reconstitution de 40 % du navire, actuellement au musée national d'archéologie sous-marine. Pour ce faire, des moulages furent effectués sous l'eau puis reconstitués à la surface.

Une cargaison très variée

Le navire transportait divers objets de céramique et de métal. Pas moins de 7 500 objets et fragments d'objets furent mis au jour au cours de la fouille. Il s'agissait notamment d'objets utilitaires que les navigateurs avaient dû utiliser pendant leur voyage : assiettes à fond plat et à fond creux, casseroles, pots avec ou sans anse. Les archéologues découvrirent également des urnes, des paniers, un chargement d'amphores, des mortiers à trois pieds, quelques objets de culte et des verseuses. Ces fragments de poteries furent rapidement localisés sous le bois du bateau, séparés par des couches de sables de 4 à 5 cm. Soixante-dix pour cent de ces objets étaient de facture phénicienne.

Outre ces pièces, l'équipe retrouva une très belle bague en argent surmontée d'un scarabée, ainsi qu'une lance en alliage de bronze.

Il restait à dater précisément le navire grâce aux pièces retrouvées. Soixante-dix pour cent du matériel fut estimé de la deuxième moitié du VIIe siècle av. J.-C., tandis que les 30 % restants allaient de l'Antiquité à notre ère. La structure et le mode de construction du navire dataient de la première moitié du Ier millénaire av. J.-C. Plusieurs échantillons de bois et d'algues furent envoyés à l'Université Groningen en Hollande, pour être étudiés en laboratoire : le navire remontait à 650-600 av. J.-C.

À la surprise générale, au cours du projet, une autre épave fut découverte, beaucoup plus complète, transportant des marchandises assez bien conservées. Elle était enterrée sous le sable à environ 2 m de profondeur. Les

Les plongeurs entreprennent le moulage avec un mélange de silicone et autres produits pendant la fouille.

© Museo Nacional de Arqueologia Maritima, Cartagène.
Photo : P. Ortiz

Les plongeurs dégagent l'ancre
et son grelin des fonds marins.

© Museo Nacional de Arqueologia Maritima, Cartagène.
Photo : P. Ortiz

spécialistes ne voulaient pas commencer la fouille sans avoir tous les moyens nécessaires pour récupérer cette épave dans les meilleures conditions. Il fallait pour cela obtenir un budget supérieur à 1,2 millions d'euros, dont la majorité servirait à construire un abri d'environ 12 m de long et 7 m de large, permettant d'abriter la totalité du navire sans le fragmenter. Cet édifice devait posséder tout l'équipement nécessaire au maintien de l'épave et à sa restauration complexe, l'élimination du sel pour éviter la destruction du bois pendant le séchage.

En janvier 2000, l'ancre du navire, le gouvernail et le mât furent remontés à la surface. Toutefois, l'épave gît toujours au fond de l'eau, et le projet est suspendu, le musée ne disposant toujours pas des locaux nécessaires à la préservation de l'épave.

Maîtres de la mer

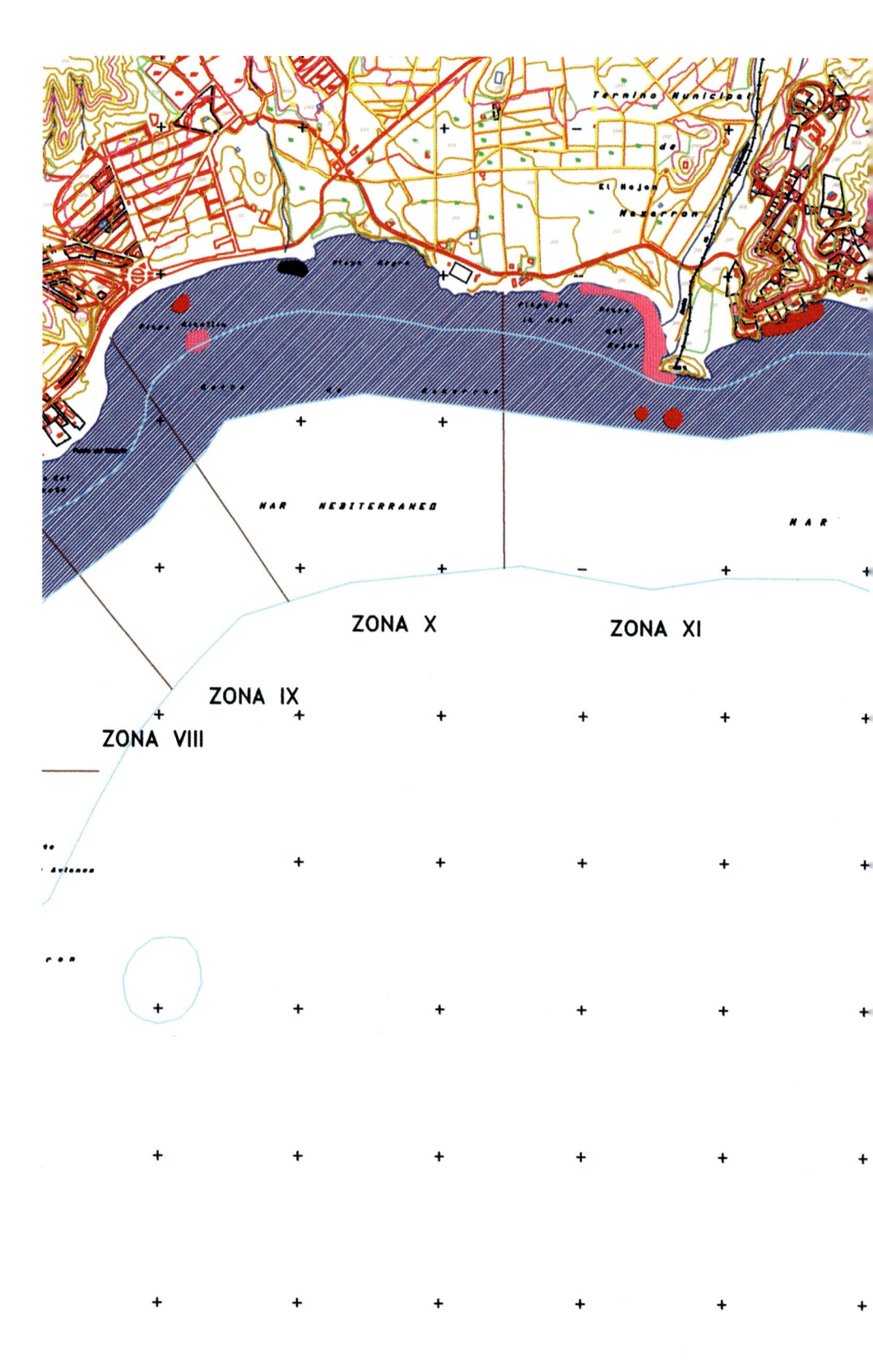

Carte de prospection du littoral de la région de Murcia, Espagne. Depuis 1998, 6 000 000 m² ont été prospectés.

© Museo Nacional de Arqueologia Maritima, Cartagène.

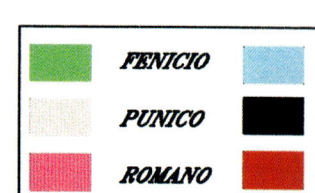

I. Les Phéniciens en mer

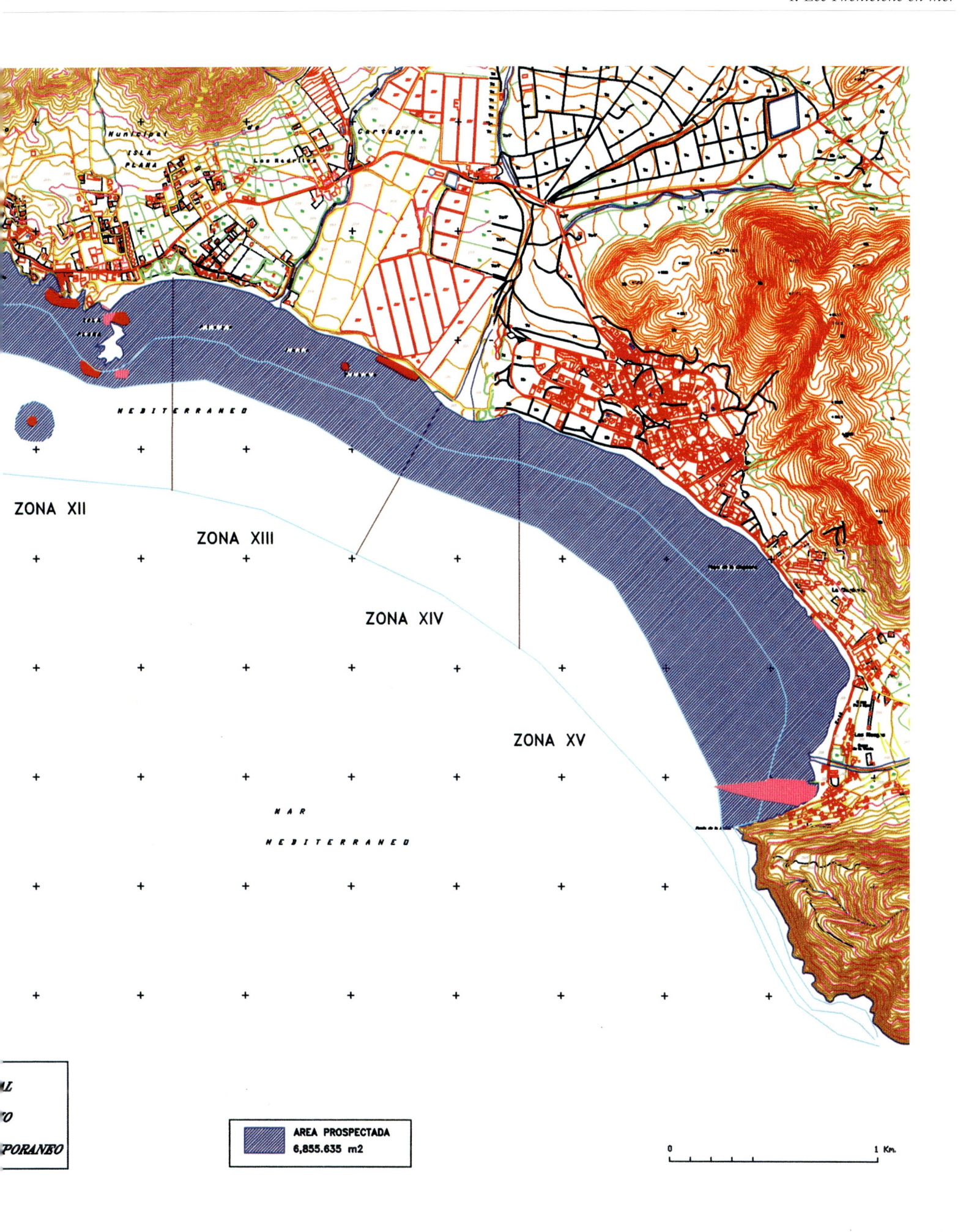

ZONA XII

ZONA XIII

ZONA XIV

ZONA XV

MAR MEDITERRANEO

AREA PROSPECTADA
6.855.635 m2

0   1 Km.

45

Mazarrón II

L'épave de Mazarrón II fut découverte en 1994 par l'équipe d'Ivan Negueruela, directeur du musée national d'archéologie sous-marine de Cartagène, à proximité de celle de Mazarrón I.

Gisant par moins de 2 m de profondeur, le sable l'avait entièrement recouverte. La construction d'une marina dans les années 1980 provoqua une modification des courants marins, et l'ensablement naturel du site en fut changé. C'est ainsi que Mazarrón II put apparaître.

La coque se présente entière et très bien conservée. Parmi les parties de la carlingue, les archéologues identifièrent l'emplanture du mât.

L'ensemble de la cargaison avait été protégée par la colonisation de plantes sous-marines qu'il fallut arracher. Les chercheurs trouvèrent alors une amphore phénicienne d'un type bien connu, fréquemment rencontré près des côtes de Malaga, des cordages, un panier avec une anse en bois et deux pièces d'une meule en granite.

Le coffre métallique, installé pour protéger l'épave durant la fouille.
© Museo Nacional de Arqueologia Maritima, Cartagène.
Photo : P. Ortiz

L'ensemble de ces éléments constitue de toute évidence les objets qui servaient à bord. Par ailleurs, des os d'animaux prélevés sur le site furent analysés et identifiés : chèvre, lapin et poulet avaient été consommés par les hommes d'équipage.

Tout le reste du chargement était entièrement composé de lingots de plomb ; on sait par les textes anciens qu'il existait une route commerciale, passant par le sud de l'Espagne et principalement par Cadix, empruntée par les Phéniciens pour le transport de métaux. La cargaison de Mazarrón II est la première preuve matérielle manifeste de l'existence d'un tel circuit.

Les membrures du bordé étaient assemblées entre elles par tenons et mortaises, et tenaient à la partie centrale de la coque par des ligatures. De la résine enduisait l'intérieur de la coque.

Prise de mesures exactes de l'épave, grâce au caisson.
© Museo Nacional de Arqueologia Maritima, Cartagène.
Photo : P. Ortiz

Près de la proue fut trouvée l'ancre du bateau, faite d'une mélange de plomb et de bois et la corde qui la retenait.

Les méthodes de construction caractéristiques du génie maritime phénicien, les lingots de plomb transportés ainsi que l'amphore phénicienne ne laissent aucun doute sur l'origine phénicienne du bateau. En revanche, il est très difficile de se prononcer sur la route qu'il suivait, d'où il venait et où il allait.

I. Les Phéniciens en mer

Ci-dessus : le coffre installé au fond de la mer.

Ci-dessous : le navire pendant la première phase de la fouille. À gauche on voit l'ancre.

© Museo Nacional de Arqueologia Maritima, Cartagène.
Photos : P. Ortiz

Le coffre

Afin d'éviter les dégradations naturelles ou humaines, les archéologues ont l'habitude de recouvrir les épaves, une fois leurs fouilles accomplies, de sable. Ce procédé est fastidieux, car il faut désensabler à chaque nouvelle campagne.

L'équipe espagnole de Cartagène a mis au point et fabriqué un coffre protecteur d'une grande efficacité et qui évite les lourdeurs de la méthode précédente. Cette technique peut s'appliquer à toutes les épaves de moyenne et petite tailles et dont la hauteur n'excède pas quelques mètres, c'est-à-dire la majorité des bateaux phéniciens, grecs et romains qui peuplent les fonds de la Méditerranée.

Le coffre est une structure métallique fixée sur le fonds marin à l'aide de plusieurs montants en acier et constituée de plaques modulaires d'1 m² chacune, articulées entre elles et qui peuvent s'ouvrir et se fermer individuellement.

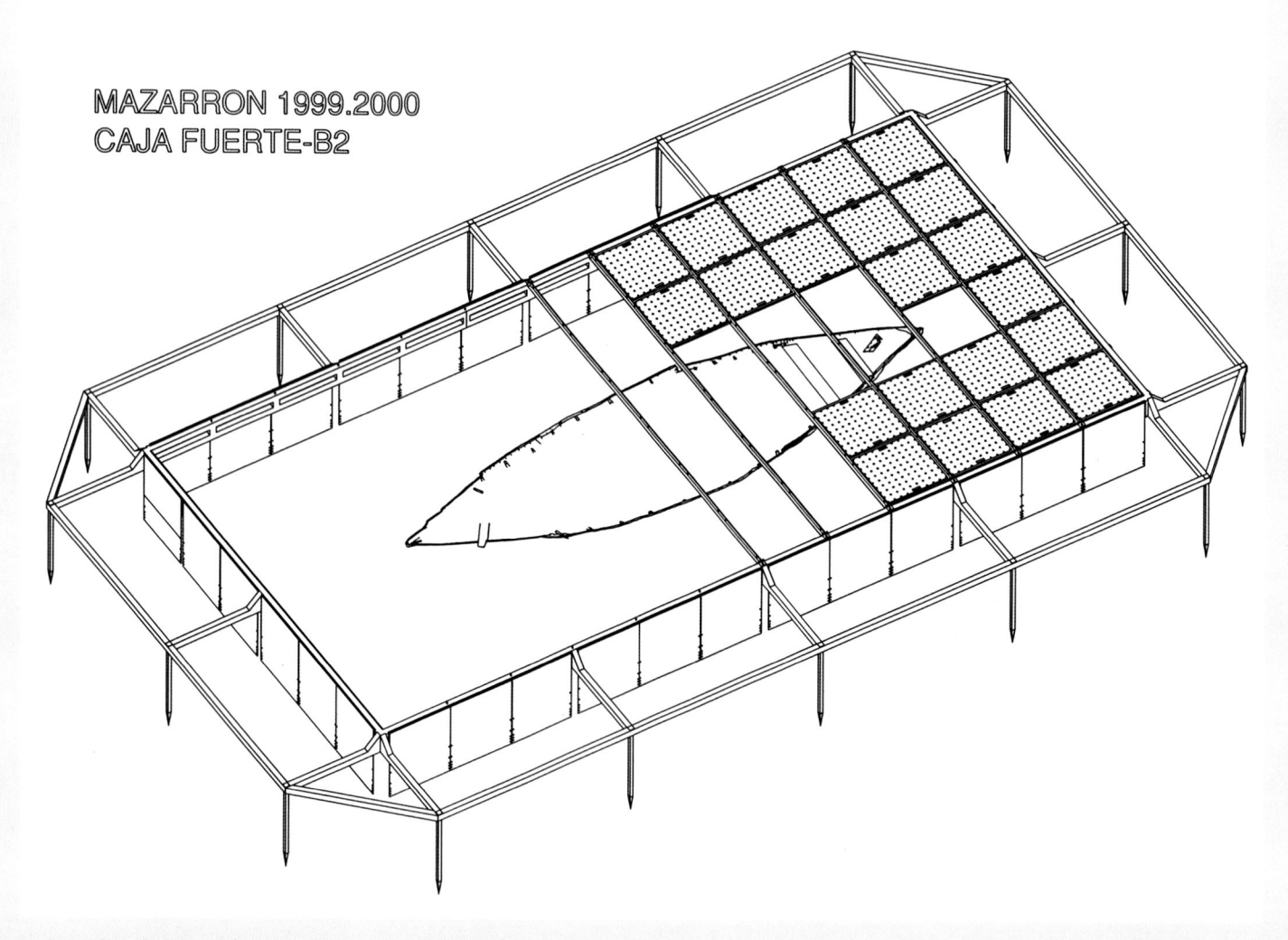

Le coffre de Mazarrón II, dessiné par le MNAM pour empêcher que l'épave soit endommagée par la houle ou par des hommes, pendant une fouille.

© Museo Nacional de Arqueologia Maritima, Cartegène

I. Les Phéniciens en mer

L'épave et sa cargaison photographiées à partir de la proue.
© Museo Nacional de Arqueologia Maritima, Cartagène.
Photo : P. Ortiz

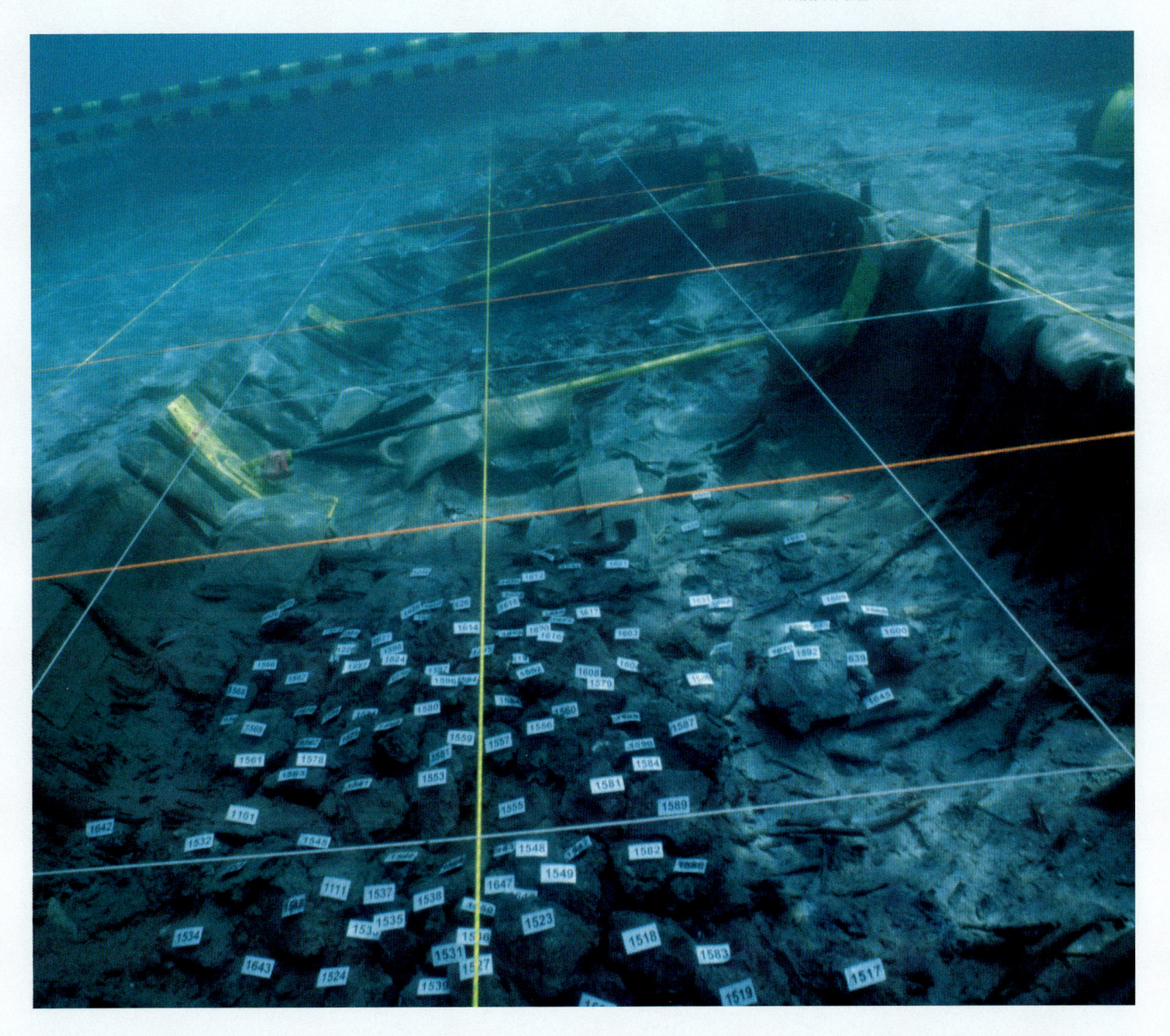

Lors d'une recherche, seules les plaques situées au-dessus des parties fouillées sont ouvertes. Les autres plaques restent fermées et protègent intégralement les vestiges. Ce système permet donc aux chercheurs de se déplacer et d'accéder aux endroits voulus sans risque d'endommager le reste de l'épave, tout en servant de support pour poser leurs instruments nécessaires au bon déroulement des travaux.

À la fin d'une journée d'étude, le caisson est complètement refermé. Dans le cas d'une interruption prolongée des recherches (plusieurs mois ou plus), le caisson est alors recouvert d'un tumulus de sable et de pierres. La protection de l'épave est alors totale, tant vis-à-vis des agressions naturelles liées au milieu naturel que celles émanant d'amateurs indélicats ou, plus grave, de pilleurs organisés.

L'épave de Ma'agan Mikhael

L'épave fut découverte près du kibboutz Ma'agan Mikhael sur la côte israélienne. Cet emplacement servait de lieu d'entraînement aux plongeurs de l'Archaeological Undersea Exploration Society of Israel. Cependant, aucun vestige n'avait été retrouvé au large de cette côte sablonneuse jusqu'à ce que le plongeur Ami Eshel, en septembre 1985 ne découvre à une faible profondeur quelques morceaux de bois, un tas de grosses pierres et des débris de poterie. Les pierres n'étant pas typiques de la région et les débris semblant anciens, il pensa que cet amoncellement recelait peut-être quelques trésors...

Ami Eshel, suivant les procédures habituelles, fit part de sa découverte à un responsable des antiquités locales ainsi qu'au Dr Elisha Linder, historien et archéologue, professeur d'études maritimes à l'Institut d'archéologie maritime, de l'Université d'Haïfa. Au cours du repérage, ce dernier réalisa rapidement qu'il se trouvait en face d'une extraordinaire découverte : un navire marchand datant de 400 av. J.-C., dont la coque était intacte. Le Dr Linder décida donc de lancer les fouilles avec l'aide d'une équipe d'archéologues et d'ingénieurs de l'Institut Recanati des études maritimes de l'Université d'Haïfa, aidés de spécialistes, avec Jay Rosloff comme directeur de terrain. La fouille s'étendit sur trois périodes entre 1988 et 1989.

L'ensemble des découvertes ne pouvait pas rester sous l'eau, autant les œuvres vives, remarquablement conservées, que la cargaison. Mais extraire un navire aussi ancien et fragile n'est pas une tâche aisée. Ces archéologues relevèrent pourtant le défi. Durant les fouilles, la coque du bateau fut démontée sous l'eau et le bois transféré au laboratoire de conservation de l'Université d'Haïfa. Après de longues années de conservation, le bateau fut finalement reconstruit, sous la direction de Yaacov Kahanov, et placé dans un musée adjacent le musée archéologique Edith et Reuven Hecht, de l'Université d'Haïfa, baptisé depuis juin 1999 le musée Ma'agan Mikhael. Ce dernier, dirigé par Elisha Linder, sert aujourd'hui de laboratoire pour la recherche scientifique, archéologique et historique.

L'ancre en bois du navire Ma'agan Mikhael. Celle-ci a été remontée en surface.
© Itamar Grinberg

I. Les Phéniciens en mer

Des plongeurs tenant une section de la coque.
© Itamar Grinberg

Le navire et les découvertes

Yaacov Kahanov

L'épave du Ma'agan Mikhael a été découverte en 1985 au large de la côte méditerranéenne d'Israël, à 35 km au sud de Haïfa, ensevelie en eau peu profonde sous une couche de sable d'une épaisseur d'environ 1,5 m.

La longueur maximale de la partie conservée de la coque est de 11,15 m. Sa largeur maximale est de 3,11 m. Les analyses au carbone 14 ainsi que les évaluations de la céramique datent le navire de la fin du Ve siècle av. J.-C.

Le navire transportait environ 13 tonnes de pierres et de roches de type étranger à la région. D'après les analyses effectuées, la plus grande partie de ces fragments, du schiste bleu, proviendrait de l'île grecque d'Eubée, tandis que les roches magmatiques seraient originaires du petit delta de la rivière Kouris, dans le sud de Chypre. Parmi les 70 objets en céramique extraits de l'épave figuraient une jarre (*pithos*), des jarres à anses de panier, des lampes à huile, des cruchons, un mortier, des bols ainsi qu'un pot pour la cuisson des aliments. La plupart de ces poteries pourrait provenir de Chypre bien que certaines soient originaires de l'est de la Grèce.

Parmi les autres découvertes figuraient des restes de nourriture, des cordages, des lests en plomb pour la pêche, des outils de charpentier ainsi qu'une ancre en bois à bras unique. L'ancre, qui avait été trouvée près de la coque du navire, possédait encore la ligne principale et l'orin.

La totalité de la partie inférieure de la coque était intacte jusqu'à la hauteur de la troisième virure, y compris la fausse quille, la quille, l'étrave et l'étambot. Certaines parties de douze virures jusqu'à la seconde moise avaient survécu à tribord, de même que deux barrots, quatorze membrures, l'emplanture et plusieurs autres éléments internes.

Aucune trace de bernacles ou d'autre pollution biologique n'avait été trouvée et seules les parties les plus élevées de certains bois présentaient des dégâts limités de xylophages marins. Certaines parties intérieures étaient encore couvertes d'écorce. Les parties extérieures semblaient à peine être sorties du chantier naval, avec des angles et tranches vifs, sans trace d'abrasion. Il en allait de même pour l'ancre. Des signes sur le bois indiquaient clairement qu'il avait été travaillé à l'herminette, la scie et la guignette et des copeaux se trouvaient encore à l'intérieur du navire. Tout ceci suggère que le navire avait très peu voyagé. Son étrave pointait perpendiculairement à la côte et il naviguait vraisemblablement sous contrôle lorsqu'il a fait naufrage.

Le navire avait été construit à clin, selon la méthode de « coque la première », les virures étant reliées par des assemblages à tenons et mortaises étroitement rapprochés et fixés par des chevilles effilées. Outre les joints à tenons et mortaises, les assemblages de la proue et l'étrave du navire étaient sciés. Les couples étaient constitués de bordages en bois de fourche à courbure naturelle, spécialement choisi, et d'allonges taillées en crochet le long du même plan. Les couples très espacés étaient fixés à la coque par des clous en cuivre, de l'extérieur des bordages, puis doublement rivetés aux couples intérieurs.

La comparaison du navire avec plusieurs autres épaves trouvées en Méditerranée ne résout pas la question de son origine, ni de celle des escales effectuées lors de son dernier voyage, bien que certaines conclusions puissent être tirées en ce qui concerne sa construction de tradition grecque.

La quille, les étambots arrières, les bordages, les couples ainsi que d'autres éléments intérieurs de la construction sont en pin, alors que les tenons, les chevilles, la fausse quille et l'ancre sont en chêne. Après avoir récupéré le contenu de l'épave, la coque a été démontée sous l'eau et les divers éléments furent transférés au laboratoire de préservation de l'Université de Haïfa.

La phase initiale de la préservation, le dessalement, a duré deux ans, suivie d'un processus de préservation dans du polyéthylène glycol (PEG

4000) pendant cinq ans. Les éléments ont ensuite été séchés pendant un an, puis transférés vers un musée spécialement construit à cet effet. Le processus de reconstitution de l'épave, qui a duré trois ans, a également permis de procéder à une étude minutieuse des détails de construction de la coque. Le navire, qui a enfin été remonté, est exposé au musée de l'Université.

La découverte a eu lieu sous la direction d'Elisha Linder, le fondateur de l'archéologie sous-marine en Israël et, en 1972, du département des Civilisations maritimes et de l'Institut Recanati des Études maritimes de l'Université de Haïfa. Le Dr. Linder est tout naturellement devenu le directeur de ce projet, avec le soutien financier de Lord Anthony Jacobs et de l'Université de Haïfa. Les trois saisons de fouilles ont été dirigées sur le terrain par J. Rosloff et la préservation, le remontage ainsi que l'étude du navire ont été dirigés par moi-même.

Les planches de l'épave Ma'agan Mikhael.
© Itamar Grinberg

Ma'agan Mikhael : commentaires

Yaacov Kahanov

Après environ douze ans d'étude, plusieurs hypothèses préliminaires ont été révisées en ce qui concerne la recherche scientifique. Il s'agit là de cette recherche, dans toute son honnêteté, qui pourrait inciter de jeunes chercheurs à remettre en question et à réexaminer les théories existantes.

Le processus de ré-assemblage du navire peut sembler à l'observateur extérieur comme un puzzle géant composé d'éléments pratiquement identiques, en bois préservé, sombre et dur. L'identification et la localisation des différents éléments peuvent être effectuées en fonction de plusieurs facteurs, tels que les configurations de la coloration, les caractéristiques de fixation ainsi que l'état des éléments connexes. Plus l'étude du navire avance, plus les éléments deviennent familiers et leur assemblage s'apparente de plus en plus à une question technique. Mais lorsqu'une haute précision est requise, il devient évident qu'il n'existe qu'une seule manière de procéder. Les éléments qui n'auraient pas été assemblés de manière précise dès le début du processus se révéleront d'eux-mêmes lorsque la répétition d'une étape précédente devient indispensable. Nous avons découvert que c'est en fait le navire lui-même qui nous indique la manière correcte de le remonter. Il est difficile de concevoir à quel point ces vieux morceaux de bois sombre peuvent parler.

Malgré l'avance de nos recherches, de nombreuses questions sont restées sans réponse. Le fait de débuter la recherche par des mesures techniques, par la détermination de milliers de mesures et la consignation de caractéristiques, suivies d'évaluations statistiques et d'interprétations logiques, ne peut répondre aux questions, mais conduit à en poser d'autres. Les réponses à des questions fondamentales et essentielles, même techniques, pourront enfin être fournies grâce à la réflexion.

Plus d'une douzaine d'étudiants ont participé au processus d'assemblage de la coque du navire. Chacun d'entre eux s'est vu assigné un sujet de recherche et l'a étudié, bénéficiant ainsi d'une occasion rarement accordée aux étudiants en archéologie marine, à savoir accéder directement aux secrets des constructeurs de navires historiques, en touchant le bois même qui servait à les fabriquer. Il s'agit là d'une entreprise pédagogique, associée à une approche scientifique exigeante, qui se reproduit rarement, symbolisant ainsi une unique expérience éducative.

Ci-dessus : phase initiale de la reconstitution en surface de l'épave.

Ci-contre : une reconstitution plus complète.

© Itamar Grinberg

I. Les Phéniciens en mer

Maîtres de la mer

L'épave de Melkarth

En 1998, Greg Stemm, co-fondateur et directeur des opérations de l'Odyssey Marine Exploration Inc., partit à la recherche d'un bateau de guerre anglais, le *HMS Sussex*, perdu en mer depuis près de trois cents ans. Le vaisseau était chargé de pièces d'or et d'argent, estimées à un total de 500 millions de dollars. Mais au cours de sa recherche, Stemm localisa quelque chose d'autre. Le 17 septembre, à une profondeur de plus de 800 m, il découvrit un ancien navire contenant des centaines d'amphores carthaginoises. Ce bateau punique ou phénicien pouvait être daté entre les Ve et IIIe siècles av. J.-C.

Durant l'expédition, Stemm et son équipe utilisèrent un bateau de 30 m de long muni d'un sonar à balayage latéral. Chaque fois qu'une cible était détectée, l'équipe vérifiait et analysait son intérêt archéologique en envoyant un *remotely operated vehicle* (ROV) équipé de projecteurs puissants et d'appareils photographiques.

Le type d'amphores retrouvées était extrêmement rare. Elles mesuraient 1 m de haut, possédaient des anses, leur couleur variait du rouge au marron et leur poids était équilibré entre la panse et le col de l'amphore. Des amphores similaires, typiquement carthaginoises et datant de 450 av. J.-C., avaient été retrouvées au Maroc, en Espagne et en Grèce : des zones commerçantes stratégiques des Phéniciens.

Le bateau provenait-il de Carthage ou de Phénicie ? Les amphores seules ne suffisent pas à trancher, car il est possible que les Phéniciens orientaux les aient chargées lors d'une escale à Carthage.

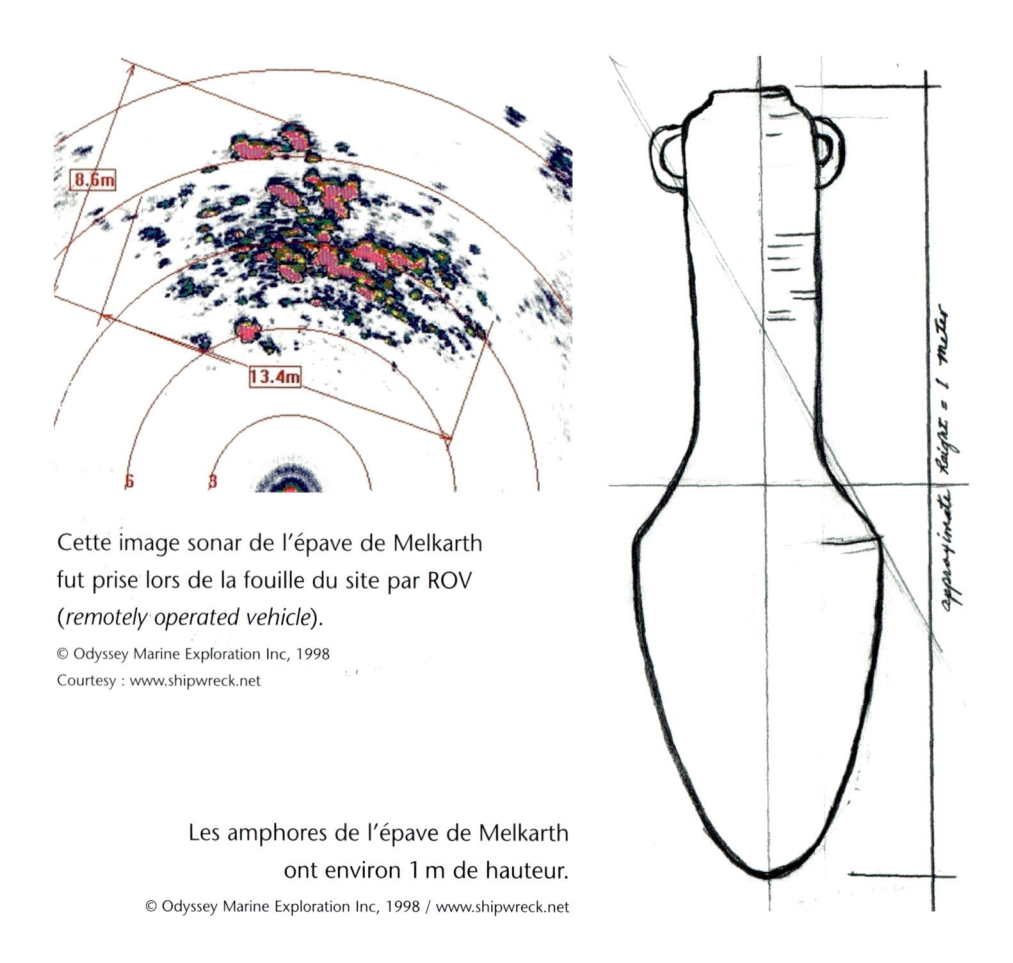

Cette image sonar de l'épave de Melkarth fut prise lors de la fouille du site par ROV (*remotely operated vehicle*).
© Odyssey Marine Exploration Inc, 1998
Courtesy : www.shipwreck.net

Les amphores de l'épave de Melkarth ont environ 1 m de hauteur.
© Odyssey Marine Exploration Inc, 1998 / www.shipwreck.net

I. Les Phéniciens en mer

Le site de l'épave de Melkarth fut découvert par Odyssey Marine Exploration en 1998, à environ 900 m de profondeur en Méditerranée occidentale, lors de la recherche du *HMS Sussex*. Cet ancien navire transportait des céramiques et des amphores qui suggéraient que c'était un navire marchand punique ou phénicien datant du VIIIe siècle av. J.-C.

© Odyssey Marine Exploration Inc, 1998 / www.shipwreck.net

L'épave Isola Lunga (Marsala)

En 1969, des dragueurs siciliens découvrirent au large de l'île Isola Lunga, en face des îles Égates, une épave antique sans cargaison apparente. Deux ans plus tard, l'archéologue anglaise Honor Frost, accompagnée de chercheurs britanniques, entreprit d'étudier le site. Cette fois-ci, l'équipe ne fut pas en présence d'un navire marchand phénicien, mais face à un bateau de guerre utilisé lors de la première guerre punique, qui avait vu la victoire des Romains sur les Carthaginois en 241 av. J.-C.

Le bois du navire de l'épave Isola Lunga, les bordées et les varangues, sont très bien conservés (avant de s'assombrir par oxydation).
© Honor Frost

Le bois de la coque, après traitement par polyéthylène glycol, fut remonté dans un bâtiment qui est aujourd'hui le musée régional de Marsala, en Sicile.
© photo : Punic Ship Mission

Structure et nature du navire

L'épave était ensevelie à 2,5 m de fond. Les dragueurs repérèrent en premier lieu l'une de ses extrémités, qui pointait au-dessus du sable. Honor Frost estima qu'il s'agissait de la poupe. Fait exceptionnel, celle-ci était encore intacte, alors que la poupe et la proue d'un navire disparaissent habituellement plus vite que le centre de la coque. Celle-ci, dont les planches s'assemblaient avec des joints à tenons et à mortaises, était construite en pin, en chêne et en sycomore. L'étude de la poupe permit aux chercheurs de déduire les dimensions du navire : 35 m de long sur 4,8 m de large. C'était donc un bateau long et fin, conçu pour la vitesse et capable d'abriter un grand nombre de soldats. Il s'agissait certainement d'une trirème, le navire de guerre le plus répandu au IIIe siècle av. J.-C. Il présentait cependant quelques particularités qui laissèrent les experts sceptiques : il comportait un lest et sa quille était doublée de plomb. Ce sont deux éléments que présentent fréquemment les navires marchands mais très rarement les vaisseaux de combat, le lest alourdissant le navire et ralentissant sa course.

Ces « anomalies » restèrent inexpliquées, car tous les autres indices tendaient à prouver que ce navire avait bien été construit pour et pendant le combat opposant Carthaginois et Romains. Ainsi, on retrouva sur l'épave quelques bols

Maîtres de la mer

et assiettes, mais aucun mortier, aucune marmite, ni aucune jarre pour conserver l'eau, autant de vaisselle que l'on retrouve toujours sur les navires marchands destinés au long cours.

Navire punique ou copie romaine ?

Restait la question de son origine : ce bateau de guerre était-il carthaginois ou s'agissait-il de la copie d'un navire phénicien effectuée par les Romains ? Cette question soulevée par Honor Frost était légitime : à cette époque, les Romains ne possédaient pas de tradition navale et se contentaient souvent de copier les navires carthaginois qu'ils avaient capturés. Au cours de la première guerre punique, ils auraient ainsi construit cent répliques de navires phéniciens en moins de deux mois...

Quelques indices incitèrent cependant les chercheurs à pencher pour une origine carthaginoise : des inscriptions peintes sur différentes parties du navire furent identifiées comme des symboles talismaniques phéniciens et des lettres de l'alphabet phénicien.

Ci-dessous et à droite : des lettres puniques peintes sur la coque du navire. C'est une découverte unique, car les « signatures d'un charpentier » sont généralement des lignes incisées faites par des travailleurs illettrés, tandis que les ouvriers de ce navire étaient apparemment lettrés. La calligraphie phénicienne est très rare. On peut déduire des langues primaires sémites, que ces trois lettres signifient probablement « courbe ». De plus, la planche sur laquelle elles se trouvaient devait se placer sur du bois courbe.

© dessin et photo Honor Frost

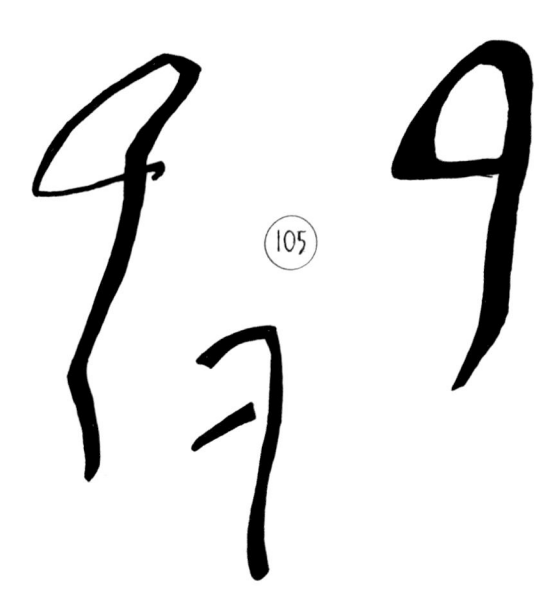

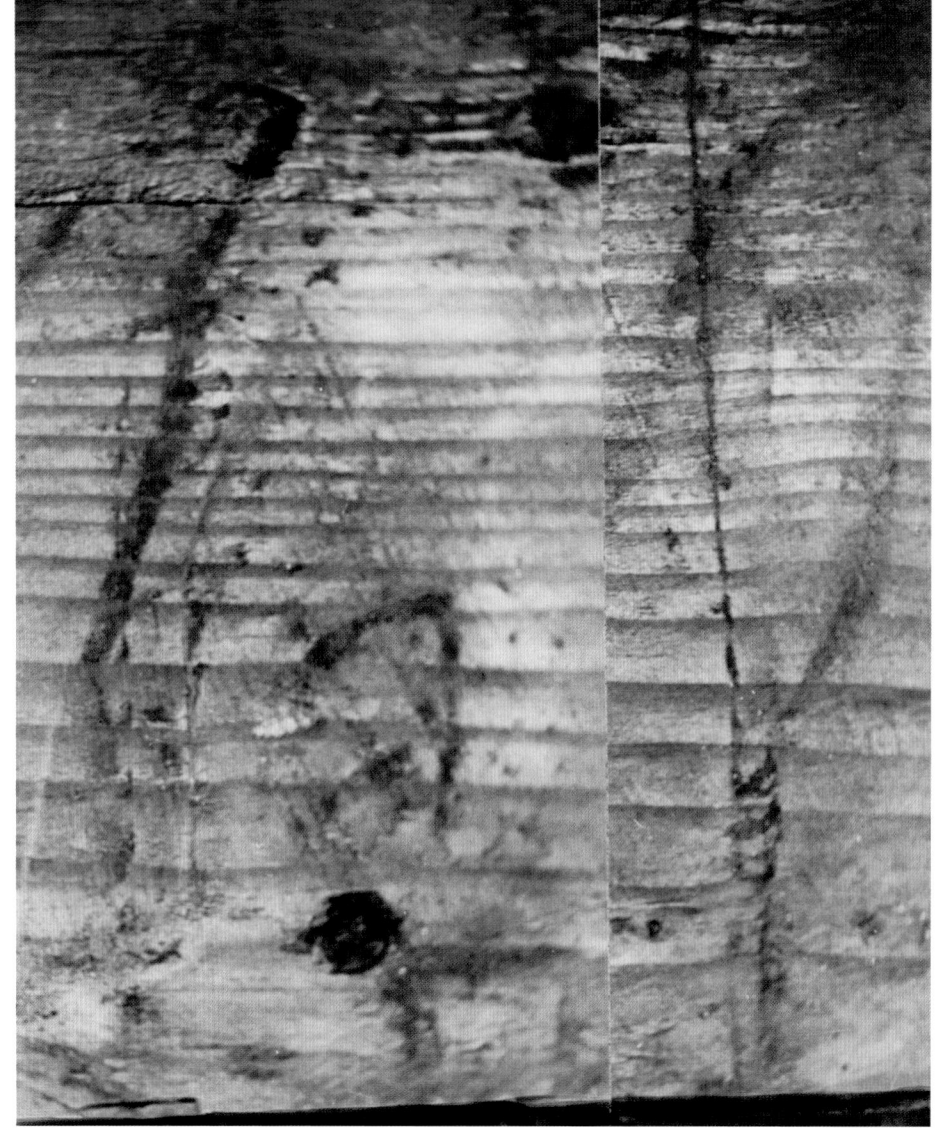

60

I. Les Phéniciens en mer

Des tiges jaunes distinctes furent trouvées dans la cavité de la quille de l'épave Isola Lunga. Des échantillons furent identifiés au laboratoire Jodrell, Jardin botanique royal de Kew en Grande-Bretagne, comme du *Cannabis sativa*.
© Honor Frost

Une construction hâtive, réalisée dans l'urgence

Que signifiaient ces lettres ? Elles témoignaient simplement de l'ingéniosité des charpentiers carthaginois. En effet, ces derniers peignaient ce genre de signes sur chacune des pièces séparées des navires afin de les repérer plus facilement et de construire ainsi leurs bateaux en un temps record. Ce procédé était utile en temps de guerre. Le navire Isola Lunga aurait donc été fabriqué à la hâte pour faire face aux besoins immédiats du conflit.

Afin de protéger la coque, des pierres de ballastes étaient enveloppées de divers végétaux. Certaines de ces feuilles avaient même conservé leur couleur verte, ce qui indique que le lestage était récent, peut-être postérieur à un combat. D'autres étaient prises dans l'enduit résineux appliqué sur la coque pour l'étanchéifier, preuve que le bateau était de construction récente quand il s'échoua. On retrouva également des copeaux, ce qui indiquait que les charpentiers travaillaient encore sur le vaisseau lorsqu'il fut mis à l'eau.

II. *Thalassa*, la mer des Grecs

L'histoire de la Grèce se confond avec celle de la mer Égée et, plus largement, de la Méditerranée. Les secrets d'une Antiquité liée autant à la mer ne pouvaient donc pas se dévoiler entièrement par la seule étude des vestiges terrestres. Un grand pan de l'histoire se perdait dans la mer jusqu'à ce que les archéologues commencent à pouvoir explorer les fonds marins.

Héraclès, *L'Iliade, L'Odyssée, La Théogonie*… autant de noms enchanteurs qui éveillent dans notre imaginaire une multitude de dieux, de héros, de traversées audacieuses sur les mers.

Et pourtant, bien avant les périples d'Ulysse et les voyages de Télémaque, bien avant aussi les grandes expéditions maritimes et la vague de colonisation

Navire grec du XVIe siècle av. J.-C. entrant dans un port.

© Gianni Dagli Orti / CORBIS

Maîtres de la mer

Le naufrage d'Ulysse

L'archéologie sous-marine recherche, étudie et s'enrichit des navires et des cargaisons qui jamais n'arrivèrent à destination. Mais que sait-elle des naufragés ? Rien, souvent. Sinon qu'ils n'ont pas toujours pu survivre aux fureurs implacables d'Éole et à la violence de Poséidon... surtout si les colères divines ont éclaté en pleine mer, bien loin des côtes. Ulysse eut la chance d'échapper à une tempête qui faillit le jeter dans l'horrible tourbillon de Scylla. À l'entendre raconter son effroi et les astuces qu'il employa pour éviter la mort, on se demande si les marins de nos épaves réussirent parfois un tel exploit...

En hurlant, nous arrive un furieux Zéphyr qui souffle en ouragan ; la rafale, rompant d'un coup les deux étais, nous renverse le mât et fait pleuvoir tous les agrès à fond de cale ; le mât, en s'abattant sur le gaillard de poupe, frappe au front le pilote et lui brise le crâne. Zeus tonne en même temps et foudroie le vaisseau. Mes gens sont emportés par les vagues ; ils flottent, autour du noir croiseur, pareils à des corneilles ; le dieu leur refusait la journée du retour.

Moi, je courais d'un bout à l'autre du navire, quand un paquet de mer disloque la membrure ; la quille se détache et la vague l'emporte. Mais le mât arraché flottait contre la quille, et l'un des contre-étais y restait attaché : c'était un cuir de bœuf ; je m'en sers pour lier ensemble mât et quille, et sur eux je m'assieds : les vents de mort m'emportent.

Le Zéphyr cesse alors de souffler en tempête. Mais le Notos accourt pour m'angoisser le cœur, car il me ramenait au gouffre de Charybde : toute la nuit, je flotte ; au lever du soleil, je me trouve devant la terrible Charybde et l'écueil de Scylla.

Or Charybde est en train d'avaler l'onde amère. Je me lève sur l'eau ; je saute au haut figuier ; je m'y cramponne comme une chauve-souris. Mais je n'ai le moyen ni de poser le pied ni de monter au tronc ; car le figuier, très loin des racines, tendaient ses longs et gros rameaux pour ombrager Charybde. Sans faillir, je tiens là, jusqu'au dégorgement qui vient rendre à mes vœux et le mât et la quille.

Quand je revois mes bois qui sortent de Charybde, c'était l'heure tardive où, pour souper, le juge, ayant entre plaideurs réglé mainte querelle, rentre de l'agora. Je lâche pieds et mains pour retomber dessus, mais sur l'eau, je me plaque entre mes longues poutres... Je remonte dessus ; je rame des deux mains, et le Père des dieux et des hommes me fait échapper cette fois au regard de Scylla ; sinon, j'étais perdu ; la mort était sur moi ; et neuf jours, je dérive ; la dixième nuit, le ciel me jette enfin sur cette île océane, où la nymphe bouclée, la terrible déesse douée de voix humaine, Calypso, me reçoit et me traite en ami...

Bas-relief en terre cuite représentant le bateau d'Ulysse (IIIe-IIe siècle av. J.-C.) trouvé en Italie.

© photo : RMN

64

II. Thalassa, la mer des Grecs

qui marquent l'époque archaïque, des civilisations non moins brillantes et aventureuses s'affirmèrent dans le monde égéen. En ces temps préhelléniques, l'Attique et le Péloponnèse ne faisaient pas encore parler d'eux : c'est d'abord vers la Crète minoenne, du nom de son roi légendaire, Minos, qu'il faut regarder.

1. L'odyssée d'un peuple

La Crète constitue l'un des chaînons de l'arc montagneux reliant le Péloponnèse à l'Anatolie. L'île, une des plus grandes de la Méditerranée, fut peuplée dès l'époque néolithique. Au IIIe millénaire, les populations crétoises s'initièrent au travail du bronze, mais elles affichaient encore un retard certain sur l'Argolide et la Thessalie et subissaient l'influence artistique de l'Anatolie.

La tendance s'inversa cependant au XXIVe siècle : ces régions avancées de l'Égée et de nombreuses îles furent envahies par des peuples jaloux qui les plongèrent dans la barbarie. La Crète, excentrée et isolée, fut épargnée.

Voici l'île, dès lors, promise à un brillant avenir. Si le reste de l'Égée continuait de favoriser ses relations avec l'Anatolie, la Crète commençait à regarder vers la ville de Byblos, déjà elle-même fortement influencée par l'Égypte. Bien que les archéologues s'interrogent encore sur l'origine de ce brusque changement, la Crète connut à la fin du IIIe millénaire un essor étonnant et devint le berceau d'une civilisation remarquable, qui se développa autour de centres palatiaux. Construits vers 1 900 av. J.-C., situés sur la côte nord (Knossos et Mallia) et en Messara (Phaitos), ils se distinguèrent autant pour leur originalité que pour leur complexité, à l'image du labyrinthe qui enferma le Minotaure.

Le rayonnement de la civilisation crétoise se basait sur le commerce maritime. Sa position géographique exceptionnelle, dans le bassin oriental de la Méditerranée, facilita ses relations avec le Péloponnèse et l'Anatolie et lui permit de se tourner à la fois vers l'Orient, l'Afrique et l'Europe.

La Crète exportait du vin, de l'huile d'olive et du bois et importait du blé, mais elle pratiquait essentiellement un commerce de luxe : à Mélos, à Mycènes, à Chypre, en Égypte, les Minoens apportaient des poteries peintes, des tissus aux couleurs éclatantes, des bijoux et des armes en bronze. D'Égypte, leurs navires revenaient chargés de pierres fines, en particulier d'améthystes, utilisées pour fabriquer des sceaux. À Chypre, on les chargeait de lingots de cuivre. À Mélos et à Yali, c'est l'obsidienne qui comblait les cargaisons.

Toute l'Égée se mit à imiter l'art crétois et ses poteries polychromes du style dit de Camarés, ses bijoux, ses sceaux gravés sur pierres précieuses et ses motifs ornementaux. Au XVe siècle, une culture d'inspiration minoenne s'était répandue dans tout le sud du monde égéen… à tel point qu'il est souvent difficile pour les archéologues de déterminer si tel vase retrouvé à Mycènes, à Pylos ou dans l'île de Mélos fut importé de Crète ou fabriqué sur place.

Vers 1700, cependant, un cataclysme scella la fin de la thalassocratie – comme la définissait Strabon – minoenne : l'île de Théra (Santorin) fut secouée par des éruptions volcaniques d'une violence extrême, à l'origine de raz de marée et de tremblements de terre qui atteignirent la Crète, ravageant l'est et le centre de l'île. Les Minoens ne se relèveront pas de cette catastrophe : peu après,

Figure féminine crétoise (par son attitude, son visage en tête d'oiseau et sa coiffure). Elle annonce par sa nudité et ses proportions l'émergence du style géométrique. En bronze, du début du Minoen récent III (1400-1050 av. J.-C).

© photo : RMN, Hervé Lewandowski

Maîtres de la mer

Une grande jarre minoenne
(Minoen moyen) décorée
de parchemins et de motifs floraux.
Musée archéologique d'Héracléion, Grèce.

© Roger Wood / CORBIS

II. Thalassa, la mer des Grecs

les Achéens (ou Mycéniens), déjà établis en Argolide, profitèrent de leur affaiblissement pour investir la Crète et supplanter sans violence mais de manière définitive la première grande civilisation égéenne.

L'heure des Mycéniens

Si la domination mycénienne ne s'imposa dans l'Égée que vers 1400, son expansion en revanche commença deux siècles plus tôt. Dès le XVIe siècle, en effet, les Mycéniens, qui tirent leur nom de leur cité la plus célèbre, Mycènes, prirent l'habitude de commercer aux côtés des Minoens. Leurs navigateurs s'attribuèrent des points d'ancrage sur les mêmes sites que leurs voisins. Il n'était ainsi pas rare de retrouver dans les îles Éoliennes ou à Rhodes des tessons mycéniens et minoens appartenant à la même époque. Les Achéens, suivant la trace des Crétois, poussèrent eux aussi jusqu'en Égypte et en Syrie. Une fois la chute de la Crète minoenne effective, la marine mycénienne prit simplement la place de la marine crétoise dans les relations commerciales de la Méditerranée orientale.

Cette civilisation atteint son apogée au XIIIe siècle; des sources hittites relatèrent sa puissance en la comparant à l'Égypte.

Cependant, une période sombre débuta vers 1230 av. J.-C. Les Doriens, peuple indo-européen venu du nord, anéantirent les principales cités mycéniennes du continent : Mycènes, Pylos et Tirynthe furent incendiés. Ils soumirent progressivement les îles de la mer Égée, la Crète et le pourtour de la

Rhyton en forme de hérisson de style créto-mycénien, IIe millénaire av. J.-C., en terre cuite trouvé en Syrie, à Minet el-Beida.

© photo : RMN, Hervé Lewandowski

Méditerranée. En Anatolie, l'Empire hittite s'effondra, plus au sud, Enkomi (Chypre) et Ugarit (côte syrienne) furent démolis. Les Achéens se réfugièrent dans les montagnes de la côte nord du Péloponnèse ou fuirent vers Rhodes et vers Chypre.

La Grèce entra alors dans la période la plus sombre de son histoire. Ses liens avec le Proche-Orient furent rompus. Elle n'était plus qu'un ensemble disparate de petits États affaiblis et repliés sur eux-mêmes, configuration qui évoluera à l'époque suivante vers un nouveau type d'État : la cité.

Il faudra attendre quatre cents ans pour que la Grèce se relève et reprenne le chemin de la mer.

L'expansion à partir de l'époque archaïque

L'expansion grecque débuta au milieu du VIIIe siècle av. J.-C. Certains historiens ont vu cependant dans la période mycénienne une période de précolonisation du pourtour égéen. Il est vrai que l'arrivée des Doriens entraîna, d'une manière indirecte, la construction d'autres établissements grecs sur les côtes d'Asie Mineure. Néanmoins, il est difficile de les considérer comme de réelles colonies.

Le VIIIe siècle av. J.-C. voit donc la « renaissance » politique et culturelle de la Grèce et avec elle, les débuts de la colonisation du bassin méditerranéen et d'une expansion économique qui dureront trois siècles. Les raisons des départs vers des rivages lointains étaient multiples et peuvent être séparées en deux groupes : le besoin de territoire et le commerce.

Le besoin de territoire s'expliquait aisément, car la Grèce continentale et insulaire souffrait de surpopulation et ses territoires peu fertiles, combiné aux sécheresses, ne suffisaient pas à nourrir le peuple. D'autre part, les luttes intestines qui agitaient certaines villes ou îles poussaient souvent les clans les plus faibles à choisir l'exil pour échapper à un sort peu enviable.

Le commerce invita également les Grecs à investir d'autres régions, à la recherche de matières premières comme les céréales, les métaux et le bois de construction.

On distinguait ainsi trois zones de départ : les régions au sol pauvre qu'étaient notamment l'Achaïe et la Doride, les régions marchandes comme l'isthme de Corinthe et les cités d'Asie Mineure, et celles qui étaient troublées par des conflits internes. Comme les Phéniciens, les colons grecs choisissaient de s'établir dans des ports bien abrités et facilement défendables.

Géographiquement, les colons grecs essaimèrent un peu partout :
- En Orient : Les Grecs s'établirent au nord de la Syrie, en Phénicie et à Chypre. C'est Al-Mina, grand centre marchand à l'embouchure de l'Oronte, fréquenté d'abord par les Eubéens puis par les Milésiens, qui devint la ville phare de cette zone, assurant aux Grecs une ouverture sur la Syrie, l'Assyrie et les autres royaumes mésopotamiens.
- En Occident : L'intérêt des Grecs pour l'Occident remonte à l'époque mycénienne, lorsque certains navigateurs eurent abordé les côtes italiennes, sans pour autant s'y établir.

Naxos fut fondée en Sicile en 734, puis Catane, Zancle (Messine), Syracuse,

Géla, Sélinonte et Akragas (Agrigente). Sur la côte ouest, les Grecs s'établirent à Cumes, Pithécousses, Poséidonia et Élée. La navigation vers ces contrées se faisait par cabotage, avant de traverser ensuite le canal d'Otrante et de longer la côte sud de l'Italie. Elle pouvait également se faire par une traversée directe de la mer Ionienne depuis le Péloponnèse.

Des régions occidentales, les Grecs importaient du blé, qu'ils échangeaient contre des céramiques en tout genre : cratères, hydries, amphores, coupes et même de la vaisselle ordinaire.

Grâce à ces richesses naturelles, les colonies formèrent, dans la partie méridionale de la péninsule italienne, la Grande-Grèce. Sa prospérité tenait essentiellement aux échanges commerciaux dont elle devint le centre.

Plus à l'ouest, la colonisation du littoral par les Phocéens débuta en 600 av. J.-C. avec la fondation de Marseille. Ces hardis navigateurs n'hésitèrent pas à utiliser, pour rendre leurs voyages efficaces, des pentécontores, longs bateaux à cinquante rameurs que les autres peuples grecs réservaient en général à la guerre. La DRASSM (Département des recherches archéologiques et subaquatiques et sous-marines) a ainsi découvert une épave de ce type de navire au large de l'île de Porquerolles, baptisée «pointe Lequin IA», qui datait de la seconde moitié du VIe siècle av. J.-C. Les archéologues y retrouvèrent un lot d'amphores vinaires, de la vaisselle et des coupes à boire à figures noires de type ionien et attique empilées dans des jarres. Parmi celles-ci, une coupe à yeux ionienne sur laquelle figuraient Thésée et le Minotaure. La cargaison était également composée de lampes, d'amphores attiques, de vases, de statuettes qui provenaient pour la plupart de Grèce orientale.

Céramique grecque découverte sur le site de l'épave «pointe Lequin 1A». Figures noires : coupe à yeux, Thésée et le Minotaure.

© DRASSM

Maîtres de la mer

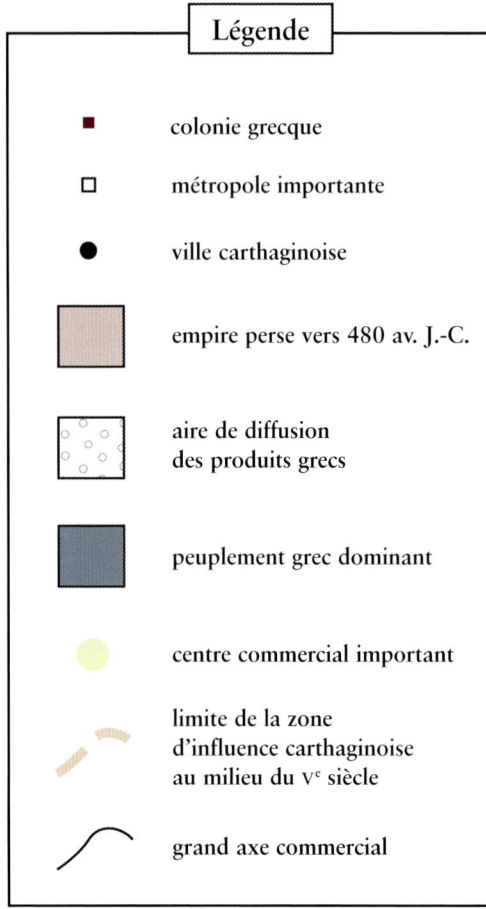

L'expansion grecque VIIIᵉ-VIᵉ siècles

Légende

- colonie grecque
- métropole importante
- ville carthaginoise
- empire perse vers 480 av. J.-C.
- aire de diffusion des produits grecs
- peuplement grec dominant
- centre commercial important
- limite de la zone d'influence carthaginoise au milieu du Vᵉ siècle
- grand axe commercial

océan Atlantique

ÉTAIN — ÉTAIN

Celtes

Ibéria

Agathè — Arelate — Mon...
Emporio — Massilia — Olbia — Antipoli... — Nik...
Alal...

Artémision

Gadès

Carthage

© Periplus Publishing London Ltd. Infographe : Yann Bernard

II. Thalassa, *la mer des Grecs*

Au nord de la Grèce, ils établirent des colonies sur les rives orientales de l'Adriatique (notamment à Corcyre), sur la côte septentrionale de la mer Égée et autour du Pont-Euxin (nom ancien de la mer Noire). C'était surtout les Milésiens qui s'installèrent sur ces rivages du Pont-Euxin où ils se fournissaient en bois, en métaux et en ambre.

La côte méridionale de la Méditerranée

Au sud de la Méditerranée, les Grecs allèrent en Cyrénaïque et en Égypte, par une traversée directe depuis la Crète, Carpathos ou Rhodes ou bien passaient par Chypre et longeaient la côte.

Cyrène (ou Kyrenia) fut fondée par les habitants de Théra dans la seconde moitié du VIIe siècle. L'Égypte, avec laquelle les Grecs effectuaient de nombreux échanges, leur concéda des terrains sur la branche pélusienne du Nil et leur ouvrit les portes de la ville de Naucratis. Ceux qui s'y installaient provenaient essentiellement de Milet, de Chios, de Rhodes ou encore de Phocée. Il n'est guère étonnant, dès lors, que les eaux égyptiennes abondèrent en vestiges grecs.

L'équipe de Franck Goddio localisa ainsi récemment sur le site d'Héracléion, au large d'Aboukir, plus d'une dizaine d'épaves grecques datant du VIe au Ier siècle av. J.-C. Elle découvrit par ailleurs une stèle en tout point similaire à celle de Naucratis. Celle-ci retrouvée en 1899 et datant de 380 av. J.-C., sur laquelle était gravé en hiéroglyphes un décret de Nectanébo Ier, fondateur de la XXXe dynastie qui taxait, au profit du temple de la déesse Neith, les activités des Grecs installés dans le comptoir de Naucratis. La stèle remontée par Franck Goddio situait la ville d'Héracléion aussi sûrement qu'une borne kilométrique, d'où l'extrême importance de cette découverte (voir le volume sur Héracléion à paraître). Voici le texte que Nectanébo Ier avait fait inscrire :

« Alors sa majesté dit : 'Que soit donné un dixième de l'or, de l'argent, du bois et des objets de menuiserie et de toutes choses qui viennent de la mer des Grecs, pour le compte de la Maison du Roi dans la place appelée Hôné, ainsi que le dixième de l'or, de l'argent et de toutes choses qui existent dans le Domaine du port qui porte le nom de Kratj, sis sur la rive du canal Anou…' »

Athènes : la naissance d'un empire

Si à l'aube du Ve siècle av. J.-C. Athènes était l'une des cités les plus riches et les plus puissantes de Grèce, ses activités maritimes n'étaient encore pour rien dans son rayonnement. D'ailleurs, elle avait à peine pris part au grand mouvement de colonisation qui avait marqué la période archaïque et à en juger par son port, qu'elle avait établi sur la côte de Phalère, indéfendable et facilement accessible aux pirates, Athènes ne montrait qu'un intérêt limité pour les choses de la mer.

La menace perse incita l'ambitieux général et homme d'état Thémistocle, dans les premières années du Ve siècle av. J.-C. à doter la cité d'une importante flotte de guerre, dont le rôle fut capital dans les batailles contre Sparte. Sortie victorieuse des guerres médiques, Athènes ne se satisfaisait pas de ces grandes victoires et désirait plus. C'est ainsi qu'elle profita du désarroi de ses ennemis pour coloniser d'autres régions stratégiques et libérer certains Grecs d'Asie. Sous son nouveau statut de maître de la mer et défenseur des cités, elle fonda la ligue de Délos en 478 av. J.-C., comme alliance défensive contre les Perses. Les premiers à signer les traités furent Samos, Chios, Lesbos, Délos et quelques cités des Cyclades, qui devaient, en échange, servir la flotte athénienne, en fournissant des bateaux ou de l'argent.

Peu après, Cimon entreprit une politique extérieure agressive et impérialiste. Il se battit pour consolider les positions de la ligue en mer Égée et remporta de nombreuses victoires. Il préconisa également des actions militaires contre les cités rebelles (Naxos en 470 av. J.-C. ou Thasos en 465 av. J.-C.). Le transfert de la trésorerie de la ligue de Délos à Athènes en 454 av. J.-C. marqua la transition de la confédération à l'empire. Les successeurs de Cimon, Éphialtès et Périclès, cautionnaient cette politique d'annexion, essentiellement dans les régions du Pont-Euxin pour leur blé, en Égypte et en Italie méridionale. Athènes atteignit alors son apogée et acquit une position supérieure dans tous les domaines. La paix de Trente Ans avec les Perses entraîna la fin de son empire terrestre tout en laissant sa puissance maritime incontestée.

Sparte s'inquiéta rapidement de ce brillant développement et la guerre du Péloponnèse éclata lorsque Athènes voulut contrôler une partie de la Grèce centrale. Après vingt-cinq années de guerre, celle-ci s'affaiblissait jusqu'à ce qu'elle accepte, alors assiégée et amoindrie par la famine, les termes de la paix : la destruction des Longs Murs et ceux du Pirée. Sa flotte se rendit en 404, laissant Sparte devenir une très influente dans le monde antique.

La course au pouvoir débuta alors entre Sparte et Thèbes, mais cette chasse sanglante affaiblissait les deux adversaires. Athènes de son côté formait une seconde ligue de Délos en 377 lui redonnant, pour un temps, la maîtrise des mers. L'ascension de Philippe II au trône de Macédoine, en 359 av. J.-C., marqua le déclin, déjà commencé, de la cité impérialiste. Les révoltes contre la seconde confédération (Chios, Kos, Rhodes en 357 av. J.-C.) finissaient d'affaiblir ces traités et Philippe prit alors le contrôle de toute la Grèce. La cité athénienne conservait son autonomie mais devait adhérer à la ligue de Corinthe, regroupant toutes les cités grecques sous l'hégémonie macédonienne. La gloire d'Athènes se termina ainsi, laissant Philippe préparer le chemin pour les conquêtes d'Alexandre le Grand.

Ces siècles de guerres et d'instabilités ont propulsé de nombreuses cités sur les mers. L'impérialisme athénien, comme nous venons de le voir, se caractérisait principalement par son évolution dans le domaine maritime. Des ports furent créés, des bateaux furent construits et perfectionnés, dont les fameuses trirèmes et par des temps aussi agités par les guerres et les désastres naturels, beaucoup furent coulés et submergés. C'est ainsi que les archéologues et historiens de nos jours ont la joie de découvrir ces témoignages d'un passé sanglant mais fascinant. L'impérialisme athénien, puis celui de Philippe et d'Alexandre le Grand, ont donc laissé beaucoup de vestiges dans toute la Méditerranée, jusqu'en Égypte, où d'incessantes fouilles sont régulièrement entreprises, entraînant de merveilleuses découvertes. (Celles-ci seront traités dans le volume *Cités égyptiennes englouties*.)

Buste de l'homme d'État athénien Périclès, qui vécut au Ve siècle av. J.-C.

© Bettmann / CORBIS

Maîtres de la mer

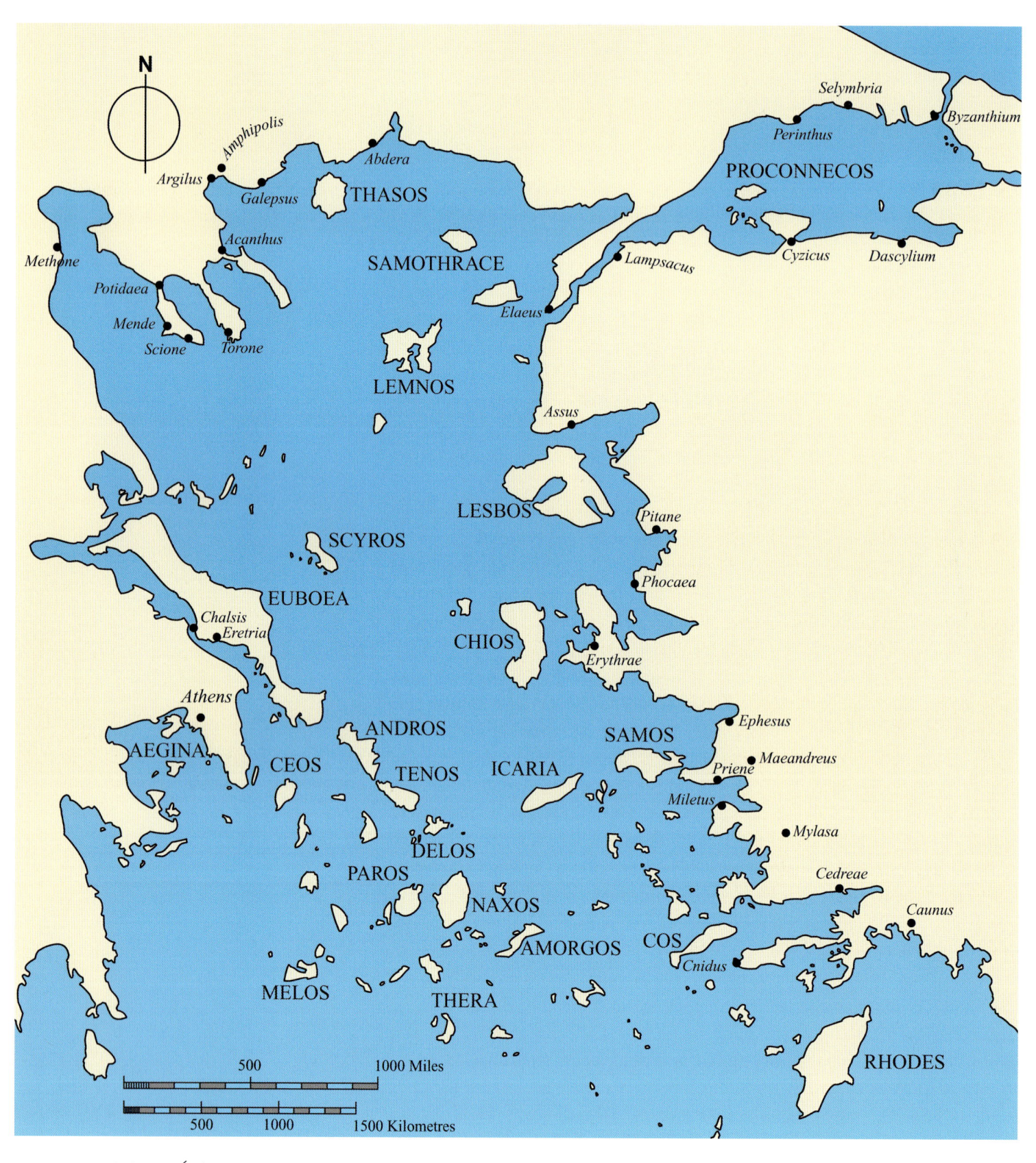

Carte de la mer Égée, avec en italique les colonies grecques.

© Halieis Excavations Publication Committee

Poséidon, dieu de la mer

D'après *La Théogonie* d'Hésiode, Poséidon, Zeus et Hadès, après avoir détrôné leur père Cronos, tirèrent au sort pour le partage du monde. Le ciel fut imparti à Zeus, Hadès tira les ténèbres infernales et Poséidon reçut comme lot la mer, la terre étant un bien commun. Ayant moins de pouvoir que son frère Zeus, Poséidon développa un caractère querelleur et une certaine sauvagerie qui se reflétaient dans le déchaînement des éléments. Car en tant que dieu marin, il fut plus celui de la mer tourmentée que des flots tranquilles ; aussi les Anciens l'invoquaient-ils dans la crainte plutôt que dans la quiétude.

L'archéologie sous-marine en Grèce

La première mission archéologique sous-marine débuta en 1884 sous la direction de Christos Tsountas dans le détroit situé entre l'île de Salamis et l'Attique, où la flotte athénienne vainquit celle des Perses en 480 av. J.-C. La fouille se déroulait sous la supervision de la Société archéologique d'Athènes. Les techniques étaient cependant trop sommaires à l'époque pour espérer de bons résultats. Les pêcheurs d'éponges jouèrent un rôle essentiel dans la découverte des vestiges, en initiant la majorité des fouilles, attirant l'attention de l'État ou des archéologues. Au début du XXe siècle, certains scientifiques commencèrent à s'intéresser aux changements côtiers et repérèrent certains ports, non visibles à l'œil nu car submergés.

Le développement rapide des techniques de plongée sous-marine, à commencer par l'invention du scaphandre autonome par Gagnan et Cousteau en 1943, ouvrit de nouvelles perspectives à l'archéologie sous-marine, amenant les chercheurs à pouvoir travailler dans des profondeurs encore inexplorées.

L'ascension de l'archéologie sous-marine en Grèce se fait surtout sentir depuis les années 1970. Plusieurs institutions furent alors fondées, dont l'Institut d'archéologie marine hellénique en 1973 et le département des antiquités sous-marines en 1976.

À partir de cette période, les découvertes se multiplièrent et de nombreux ports et épaves furent retrouvés et étudiés, apportant de précieuses informations historiques : l'architecture navale, les ports et les cargaisons des navires illustrent l'intensité des échanges commerciaux et le mouvement de colonisation grecque des côtes méditerranéennes à partir du VIIIe siècle av. J.-C.

2. Les ports

Les installations portuaires grecques étaient en majorité stratégiques. Ces abris naturels étaient aménagés de bassins, de quais, de phares, de jetées, de hangars à bateaux, certains protégés de murs de fortifications. La majorité de ces installations sont aujourd'hui submergées, mais l'archéologie sous-marine nous permet de découvrir et comprendre cette architecture diversifiée et ingénieuse.

Le sanctuaire d'Halieis sous les eaux

Halieis était une petite ville portuaire du Péloponnèse située à l'extrémité sud de la presqu'île de l'Argolide, protégée par des murs de fortification et une citadelle. Durant la période archaïque (VIIe-VIe siècle av. J.-C.), cette cité-État était suffisamment importante pour battre monnaie.

Halieis subira les conséquences des longues guerres entre Athènes et Sparte. Le début de la guerre du Péloponnèse, en 431 av. J.-C., fragilisa la cité qui doit signer en 424 un traité avec Athènes, dans lequel elle reconnaît à cette dernière le droit d'utiliser son port pendant la guerre.

La cité fut abandonnée après la mort d'Alexandre le Grand, en 323 av. J.-C. ; les fortifications entourant l'acropole furent détruites quelques décennies après. Les Romains occupèrent Halieis quelques siècles plus tard. Par chance, la construction de la ville moderne de Porto Cheli ne vint pas troubler les ruines de cette cité historique, puisque celle-ci fut établie à l'opposé de l'entrée de la baie. Halieis représente donc un trésor aux yeux des archéologues de nos jours.

Une équipe américaine commença les fouilles en 1962. Elle divisa le site en quatre niveaux. Au sommet de la colline, se trouvait l'acropole. Plus bas, un site comprenait plusieurs ateliers, probablement utilisés pour la fabrication de teintures. Au niveau inférieur se trouvaient les ateliers de production de monnaie, ainsi que les ruines des maisons et des rues. La quantité surprenante de ruines terrestres et sous-marines à fouiller transforma cette mission archéologique en un énorme projet, qui dura presque vingt ans.

Les ruines submergées d'Halieis peuvent être visibles, grâce à leur faible profondeur.
© Amy C. Smith

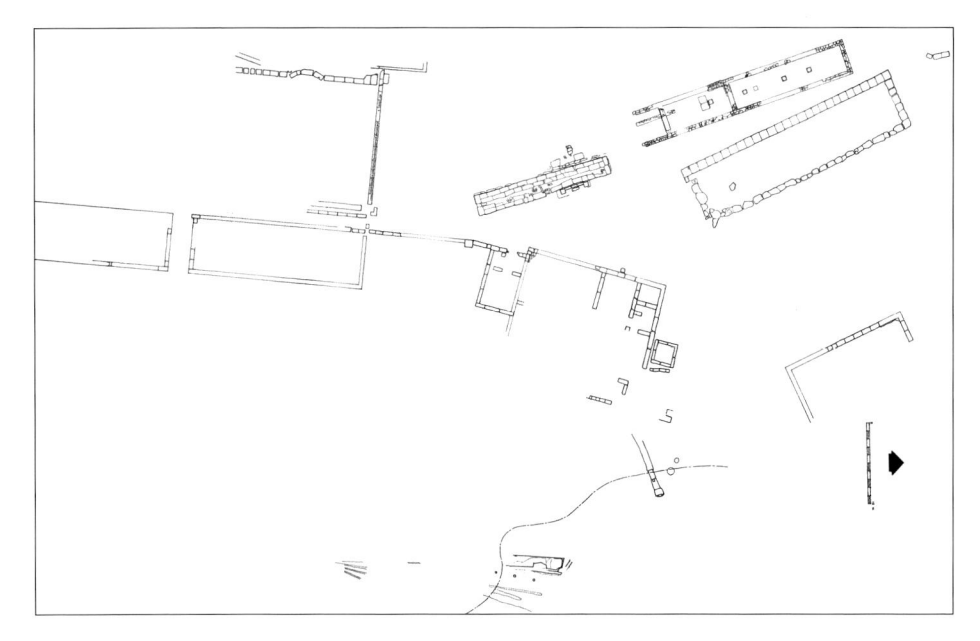

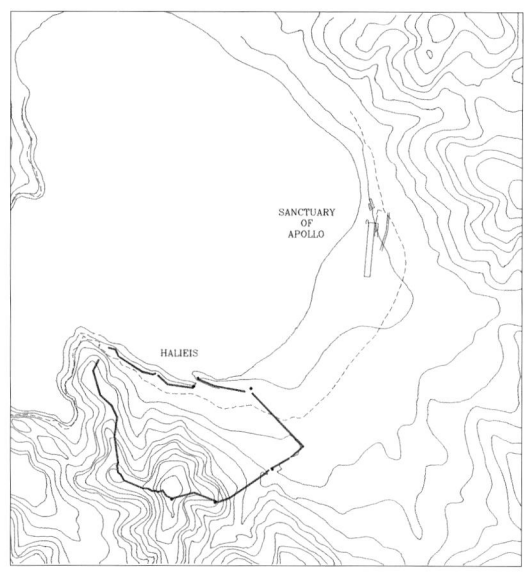

II. Thalassa, la mer des Grecs

Des plans des vestiges du sanctuaire d'Halieis.

© Halieis Excavations Publication Committee

La fouille archéologique des ruines sous-marines

Une première prospection permit d'établir un plan de fouille et une cartographie du lieu. Les ruines, par beau temps, pouvaient être aisément remarquées sous l'eau claire ; c'est ainsi qu'apparurent les fondations d'un sanctuaire avec un autel destiné aux sacrifices d'animaux, un temple élevé en l'honneur d'une divinité qui restait à identifier, un autre temple plus récent et plusieurs édifices auxiliaires. Le site comportait aussi un stade.

Quelques indices suggéraient que le sanctuaire était destiné à Apollon, dieu de la Beauté et des Arts. Dans la mythologie grecque, Apollon était une divinité descendant des Titans, fils de Zeus et de Léto et appartenait à la seconde génération des dieux olympiens. Frère jumeau d'Artémis, il était le plus beau des douze grands dieux de l'Olympe. D'anciennes sources littéraires précisaient qu'Apollon était le dieu d'Halieis, hypothèses confirmées par la présence de monnaies locales à son effigie. En outre, dans le texte d'un traité, gravé sur la pierre, signé en 423 av. J.-C. entre Athènes et Halieis, il était inscrit qu'il fallait porter une copie de ce même traité dans le sanctuaire d'Apollon, à Halieis. Le doute sur l'identité de la divinité fut entièrement levé lors de la découverte de trois tiges de fer, légèrement corrodées, qui furent identifiées comme les trois clés du temple. Une d'entre elles portait l'inscription du nom Apollon, mais seule la lettre A était restée visible. Les œuvres d'art grecques montraient, en effet, souvent, des prêtres portant à la main des clés de ce type.

Après trois saisons de fouilles, l'équipe parvint à reconstituer l'histoire du sanctuaire d'Halieis. Le temple d'Apollon, tout en longueur, avait été bâti vers 780 av. J.-C. perpendiculairement à une piste droite et plane destinée aux jeux athlétiques. Il mesurait 27 m de long et 4,5 m de large. Un autel séparait le temple de la piste. D'autres édifices furent élevés par la suite dont un bâtiment à l'est de l'autel, constitué de plusieurs petites salles qui devaient servir à se restaurer soit lors des fêtes religieuses, soit pendant les jeux. C'est ce que suggéraient les nombreux fragments de coupes à boire retrouvés près du puits adjacent au bâtiment. Les autres édifices de cette période, dont le second temple situé à

Pièce de monnaie représentant Apollon.
© Araldo de Luca / CORBIS

proximité du temple d'origine, avaient été érigés sur un sol plus élevé. N'étant pas submergés, ils ne résistèrent pas au temps.

Le premier temple était de loin le monument le mieux conservé du sanctuaire. Des pierres calcaires grossièrement taillées avaient servi à sa construction et son toit était protégé par des tuiles en terre cuite. L'intérieur, traversé en son centre par une rangée de colonnes en bois, comportait trois salles. Celle qui était située près de l'entrée avait abrité un panneau, aujourd'hui passé, représentant Apollon. C'est dans cette salle que fut mise au jour une statue de marbre. Réalisée bien après la construction du temple, elle devait constituer une copie de la statue d'origine. Entre son socle et le mur du fond se trouvait l'emplacement du trésor du temple. Il livra 18 pièces de monnaie en argent frappées entre 550 et 525 av. J.-C., des pièces d'ambre importées de la Baltique, des coquilles d'œufs d'autruche provenant d'Afrique et une plaque de bronze gravée du début du Ve siècle av. J.-C. L'inscription que cette dernière portait était en partie effacée, mais les lignes encore lisibles du texte faisaient mention d'une amende : il s'agissait sans doute d'un avertissement enjoignant à ne pas faire mauvais usage des trésors gardés dans le temple. Un grand nombre des pièces de monnaies portaient un palmier gravé, symbole de Tirynthe, dont les habitants arrivèrent à Halieis au siècle précédent.

La présence de cornes et d'os d'animaux indiquait que la pièce du milieu était réservée aux rituels de purification. Elle livra trois figurines d'animaux en bronze et un autel élevé en l'honneur d'Apollon fait de cornes empilées les unes sur les autres. La salle du fond, où l'on entreposait les offrandes, révéla les fragments de plus de 5 000 coupes à boire miniatures, des couteaux, des lances et des épées. Le temple subit quelques rénovations au Ve siècle av. J.-C. Une entrée latérale précédée d'un élégant palier en pierre lui fut ajoutée et les anciennes colonnes de forme circulaire furent remplacées par des piliers en bois quadrangulaires. Des colonnes supplémentaires furent élevées qui n'obéissaient pas à un plan particulier : elles servaient sans doute à soutenir le toit qui menaçait de s'effondrer. Délaissé à la fin du Ve siècle av. J.-C., le temple fut peu après détruit dans un incendie.

Entre temps, la ville d'Halieis, devenue prospère et florissante, décida de mettre une partie de ses richesses au profit du sanctuaire. L'autel situé face à l'ancien temple fut reconstruit et agrandi et un chapiteau soutenu par quatre colonnes fut élevé à l'une de ses extrémités. Un autre monument fut érigé à proximité. La mise au jour de coupes à boire et d'armes en fer indiquait qu'il s'agissait d'un temple, sans doute destiné à remplacer le temple originel d'Apollon.

Le stade comportait une piste de course mesurant seulement 167 m de long, une des plus petites retrouvées en Grèce, sur laquelle on put reconnaître les lignes de départ et d'arrivée. Finalement, une petite station thermale romaine fut retrouvée, confirmant ainsi une occupation romaine mais de courte durée.

Rien ne dit pourquoi le sanctuaire et la ville furent abandonnés vers 323 av. J.-C. La montée du niveau de la mer ne pouvait en être la cause : l'immersion du sanctuaire n'aurait eu lieu que quatre cents ans plus tard. L'hypothèse qu'un chef militaire, jugeant la base navale d'Halieis menaçante, décida de la détruire et contraignit les habitants à quitter la ville, semble plus plausible.

La fouille de Halieis, en Grèce

Pr Karl Petruso

Halieis se trouve à la pointe sud-ouest de la péninsule de l'Argolide au sud de la Grèce, près de la ville actuelle de Porto Cheli. Le site présente des preuves d'occupation sporadique à l'âge du néolithique, à l'âge du bronze et au début de l'âge du fer (du Ve au début du Ier millénaire av. J.-C.). Une petite ville (dont la population est estimée à quelques milliers d'habitants) s'y est développée au Ve et IVe siècles av. J.-C. sur des terrasses en pente douce qui s'élevaient en amont de la rive sud d'une grande baie de forme ovale (actuellement environ 1,5 km x 1 km). Il y avait un avantage stratégique à fonder une ville à cet endroit : les collines au sud de la baie (où était située l'acropole de la ville) offrent une vue dominante sur le détroit et l'île de Septses au sud. Le site de Halieis fut fouillé par une équipe américaine entre 1950 et 1980. Son architecture domestique en particulier a permis d'entrevoir un pan de la vie quotidienne d'une ville rurale de l'époque antique.

Halieis fut établie au début du Ve siècle av. J.-C. par des réfugiés venant de Tirynthe, une ville à l'extrémité nord du golfe d'Argolide. Bien qu'Halieis ait été mentionnée de temps à autre dans les écrits des historiens Hérodote, Thucydide et Xénophon, elle n'a joué aucun rôle au cours des principaux événements des guerres du Péloponnèse. La ville fut attaquée mais invaincue par Athènes en 460 av. J.-C., et fut prise par Sparte aux environs de 430 av. J.-C. Quelques années plus tard, pendant la première guerre du Péloponnèse, Halieis signa un traité avec Athènes dont la flotte défendit son port jusqu'à la fin de la guerre. Au siècle suivant, Halieis s'allia avec Sparte.

En raison principalement de l'affaissement du sol au cours des deux derniers millénaires, les bâtiments qui furent construits en bordure de mer dans l'antiquité sont maintenant submergés sous 2 m d'eau. Suite à la délimitation de l'étendue de l'architecture à l'aide d'un bateau de pêche et d'un plongeur en apnée, des fouilles eurent lieu à la fin des années 1960 et au début des années 1970 sous la direction de Michael H. Jameson, puis de l'University of Pennsylvania. Je faisais partie d'une douzaine d'étudiants qui, avec des archéologues professionnels et des spécialistes techniques, prirent part à l'exploration des ruines sous-marines du site à cette époque.

Les conditions maritimes présentaient une difficulté. Le calme de cet enclos d'eau enfermée nécessitait des mouvements lents et précautionneux pendant la reconnaissance et la fouille, car le moindre mouvement remuait des nuages de vase fine qui pouvaient brouiller la visibilité pendant une heure ou plus. Après avoir fait des expériences avec plusieurs appareils mécaniques pour débarrasser l'architecture de la vase, il fut finalement décidé qu'une drague activée par des générateurs (dirigée à partir d'un bateau de pêche) était idéale. La drague agissait comme un aspirateur ; le plongeur pointait la bouche du tuyau sur la vase, la végétation et les petits cailloux, qui étaient aspirés puis déposés par un long tuyau au milieu de la baie.

Deux zones, du côté sud et est de la baie, présentaient un intérêt principal

Vue aérienne du sanctuaire d'Apollon d'Halieis, visible sous les eaux. À gauche en bas, on voit la ligne de départ du champ de courses, et les arènes des spectateurs ; au nord, les deux temples à peu près parallèles datant des VIIe et VIe siècles av. J.-C. L'autel sacrificiel est au sud de ceux-ci. Photographie prise d'une montgolfière par Julian et Eunice Whittlesey.

© Halieis Excavations Publication Committee

pour cette fouille archéologique sous-marine. La première était le complexe portuaire. Les installations comprenaient un pan du mur de la ville de 90 m et deux grosses tours rondes qui se faisaient face (chacune ayant 9,2 m de diamètre et à environ 20 m de distance l'une de l'autre). Des preuves de l'existence de ces bâtiments furent obtenues par photographie aérienne et confirmées par une image sonar ; les plongeurs utilisèrent alors des perches pour sonder la vase afin de vérifier l'emplacement, la profondeur et la direction des murs pour les tracer sur le plan du site. L'archéologue comprit que les deux tours rondes formaient l'entrée d'un petit port militaire et d'un quai fermés. De la poterie trouvée dans les matériaux utilisés pour le mur, près de la tour sud, suggérait que cette partie du complexe portuaire avait été construite au Ve siècle av. J.-C.

La deuxième zone d'intérêt, du côté est de la baie, se composait de plusieurs structures non identifiables au début. Pendant que la vase était draguée vers l'extérieur, une plate-forme en pierre à chaux émergea près de deux bâtiments longs et étroits. La plate-forme fut finalement identifiée comme étant la base d'un autel, et – comme c'était le cas avec les premiers

Trois clefs du temple d'Apollon ; assemblées elles ne font plus qu'une. Une porte le nom d'Apollon, seule la lettre A est visible à l'œil nu.

© James Dengate

complexes religieux grecs antiques – les bâtiments, devant lesquels il se trouve, furent identifiés comme étant des temples. Le plus ancien des deux était une structure tripartite étroite contenant une seule rangée de socles de colonnes intérieures. Ses proportions, ainsi que des fragments de poterie et une datation au carbone 14 d'une boiserie en pin extraite *in situ*, suggéraient qu'il datait de la fin du VIIIe ou du début du VIIe siècle, ce qui en ferait un des plus vieux temples en pierres du monde grec. L'identité de la divinité à qui était dédié le sanctuaire fut suggérée par plusieurs indices. Une inscription datée de 423 av. J.-C. indiquait qu'un traité entre Halieis et Athènes fut établi dans le sanctuaire du dieu Apollon à Halieis. Cette inscription, ainsi que des fragments d'une statue de culte en marbre représentant un homme nu et des clés en fer rouillé portant le nom d'Apollon, précisaient que ce complexe était en fait le sanctuaire de la ville dédié à Apollon.

Une découverte digne d'attention, parmi les dépendances du sanctuaire juste au sud de l'autel, était une rangée de blocs, chacun présentant deux cannelures parallèles et une base de pilier carrée. On trouve de tels blocs dans beaucoup d'autres villes grecques (dont Nemée et Isthmie au nord, où ils sont très bien conservés) ; ce sont les lignes de départ des stades antiques. En sondant dans la vase le long d'un axe perpendiculaire à la ligne de départ, les plongeurs suivirent une rangée de blocs de fondation en chaux qui marquaient le côté est du stade sur 167 m au sud, où la ligne de départ opposée fut dégagée.

Le port de Halieis fait partie des plus beaux ports naturels de toute la Méditerranée. Il n'est donc pas du tout surprenant qu'à la fois les Athéniens et les Spartiates aient cherché à s'en emparer. L'embouchure de la baie mesurait moins de 250 m de large dans l'Antiquité, ce qui la rendait facile à défendre. Le chenal était assez profond pour accueillir les quilles et les cales de vaisseaux à large tirant d'eau. Les navires qui faisaient le tour du Péloponnèse pouvaient, à l'aller ou au retour du Pirée (le port d'Athènes), s'abriter à l'intérieur du port afin de se protéger des bourrasques inattendues assez courantes lors la saison de navigation. De toute évidence, cette particularité rendait Halieis aussi attrayante pour les navigateurs de l'Antiquité qu'elle l'est aujourd'hui. Ironiquement, le fait même que les parties côtières de la ville antique soient submergées a permis sa conservation pour les recherches scientifiques, tout comme Porto Cheli, qui a été énormément développée pour le tourisme.

Le port englouti de Samos

Située dans la mer Égée orientale, aux confins de l'Asie Mineure, l'île de Samos jouissait dans l'Antiquité d'une position particulièrement favorable. La ville de Samos avait été bâtie dans la région de Pythagorion et n'a donc aucun lien avec la ville moderne éponyme. Des temps les plus reculés jusqu'au Moyen Âge, elle joua un rôle majeur dans la vie politique et économique de la Grèce. En 535 av. J.-C., le tyran Polycrate prit le pouvoir et lança la construction d'une flotte navale de cent vaisseaux, à l'aide de laquelle il établit la suprématie de Samos sur la mer d'Égée. À cette époque furent élevées les fortifications de la cité et les deux installations portuaires, à l'est et à l'ouest de la ville.

Les Samiens, qui avaient une grande réputation de métallurgistes et d'orfèvres, exportaient alors leurs marchandises à travers tout le monde méditerranéen, jusqu'en Espagne. Entre 479 et 366 av. J.-C., l'île fut conquise à tour de rôle par les Perses et les Athéniens. Elle devint romaine en 129 av. J.-C., puis intégra plus tard l'Empire byzantin. À cette époque, elle subit beaucoup de pillages et de destructions par les pirates.

Les fouilles sous-marines de Samos furent engagées en 1988 par l'équipe des plongeurs archéologues du département des Antiquités maritimes grecques, dirigée par Angeliki Simossi, et se poursuivirent en 1993 et 1994.

Le port de Samos se situait dans une baie protégée, au pied du mont Ambelos. Il était situé à l'est de l'ancienne cité et appartenait au type de port fermé, formé par l'extension des murs de la cité sur la mer. Les archéologues s'intéressèrent au sud du bassin que les autorités locales prévoyaient de réaménager. Ils utilisèrent plusieurs textes anciens pour débuter leur fouille, s'appuyant sur des passages d'Hérodote, de Pline, de Thucydide et de Strabon. Il apparut, lors de l'exploration du site, que de nombreuses parties du port moderne avaient été construites sur les assises antiques. Ainsi en était-il du mur nord, de la jetée sud et de la digue méridionale. Celle-ci avait été bâtie sur une structure de pierre de 480 m de long, un ancien brise-lames gisant à environ 3 m près du rivage.

Une autre structure en pierre fut découverte à 2 m de profondeur au nord du port moderne ; elle mesurait entre 170 et 190 m de longueur et 20 m de largeur. On pense qu'elle appartenait à une digue qui prolongeait les fortifications terrestres du nord au sud.

La digue contenait la houle et les vents du sud pour protéger les navires ancrés au port. Le brise-lames assurait également la défense du site, à la manière d'un mur de fortification.

Aucune trace de hangars à bateaux ne fut cependant retrouvée, alors que leur présence était signalée dans plusieurs textes anciens.

Le brise-lame semble dater de la période hellénistique ancienne, vers la fin du IVe siècle av. J.-C. La mise au jour de céramiques retrouvées fixées dans une couche de matière organique qui s'était formée au-dessus du mur de fondation semblait confirmer cette datation : toutes remontaient à l'époque hellénistique ou à des époques postérieures. Des nouvelles recherches laissent cependant penser que ce port serait celui de Polycrate, construit au VIe siècle av. J.-C., un des port les plus importants de l'antiquité grecque. Les archéologues découvrirent un quai datant de la période archaïque jouxtant le brise-lames.

II. Thalassa, la mer des Grecs

Vue aérienne de l'ancienne cité de Samos en Grèce.

© Yann Arthus-Bertrand / CORBIS

La preuve en fut donnée par la découverte de deux bols (ou *lékanides*) du Vᵉ et VIᵉ siècles av. J.-C. juste en deçà de la construction hellénistique.

La fouille d'un port est souvent l'occasion de découvrir des objets divers dont on se débarrassait en les jetant depuis les navires ou les quais. Ces objets, selon leur emplacement dans le port, sont des outils précieux qui facilitent la datation des installations portuaires. Les archéologues mirent ainsi au jour des céramiques d'origines et d'époques variées, allant de l'époque archaïque à l'époque hellénistique. Ils découvrirent notamment une amphore de type Late Roman 1 intacte, haute de 54 cm, dont l'épaulement et la base étaient entourés d'une série de rainures, à la manière des dents d'un peigne, confirmant ainsi la présence romaine. D'autres fragments d'amphores similaires furent trouvés ; elles avaient été fabriquées entre le IVᵉ et le VIIᵉ siècle apr. J.-C. Parmi les autres trouvailles : une amphore presque complète de type Africana II A du IIIᵉ siècle av. J.-C. ; des coupes sans anses de la même époque ; de la vaisselle variée des IIᵉ et IIIᵉ siècles av. J.-C. ; des fragments d'amphores rhodiennes du IIᵉ siècle av. J.-C. ; et surtout, la très jolie statuette en terre cuite d'un taureau levant la tête datée du Iᵉʳ siècle av. J.-C.

Toutes ces découvertes permettent de comprendre l'importance de l'ancien port de Samos dans l'antiquité. Les artefacts retrouvés prouvent que Samos avait été occupée successivement par plusieurs régimes. En ce qui concerne le port, il faudra attendre la topographie complète avant de pouvoir déterminer avec précision quand il fut bâti.

Les ports antiques de Thasos

Angeliki Simossi

Pendant l'antiquité, la cité antique de Thasos possédait deux ports : au nord, le port commercial et plus au sud le port militaire. Le port commercial possédait un môle, qui s'avançait vers l'ouest à plus de 110 m. Cette construction, large d'environ 18 m, présentait à son extrémité un renflement, où devait se dresser une tour ronde semi-circulaire d'environ 20 m de diamètre.

Cet ensemble imposant semblait être contemporain de l'enceinte de la ville, soit vers 500 av. J.-C. Puis il fut entretenu jusqu'à la destruction finale de la ville, au VIIe siècle apr. J.-C. Protégé par cette masse artificielle qui continuait en mer, le port commercial accueillait les bateaux au pied du rempart, là où deux portes donnaient accès au quartier du sanctuaire de Poséidon, protecteur des marins. Le port « fermé » antique, port militaire abritant des vaisseaux de forme allongée, pour les voyages et les combats, fut identifié comme tel dès le XIXe siècle. Le port antique, à sa création, était l'extension identique de l'autre port, mais sa fonction militaire était déterminée. Un tel port, relié à la muraille de la ville, devait être fortifié et clos, avec un accès étroit et bien défendu. Entre D et F (voir carte ci-contre) les fouilles subaquatiques, difficiles, furent limitées à quelques sondages vers l'intérieur de la darse. Le dessous des assises modernes était identifié comme paléochrétien. Seul un segment de construction plus ancienne, composé de marbres horizontalement liés, fut retrouvé sous le niveau paléochrétien, au point E.

À l'époque, l'entrée n'était pas telle qu'on la voit aujourd'hui. L'accès se trouvait à l'angle nord. Dans ce premier état du port, le segment CD était le seul ouvert, par un passage étroit où se glissaient les trières et que l'on pouvait fermer par une chaîne. Une fortification continue en DEFG occupait la façade vers le large. L'accès par un angle était fréquent dans les ports de guerre antiques à Samos, le port archaïque du tyran Polycrate, plus tard à Phalasarna en Crète et à Amathonte à Chypre. Dans le cas thasien, l'ouverture en CD présentait l'avantage d'être protégée à peu de distance par le môle au nord du port commercial. L'enceinte de ce port, un haut rempart que prolongeait la muraille urbaine, datait du début du Ve siècle. Les deux bras qui la composaient furent bâtis – on peut le constater directement en ABC et FGH – dans un appareil de gros blocs de marbre à bossage identique à celui du rempart de la ville, édifié vers 500 av J.-C. comme plusieurs fouilles ou sondages l'ont démontré. Le lien puissant, encore parfaitement observable en A, entre l'enceinte portuaire et la muraille terrestre, confirmait qu'il s'agissait bien d'une méthode unique de construction.

Des hangars à bateaux (*neoria*) étaient indispensables dans les ports de guerre anciens. On repéra dans l'angle ABC près de BC, des vestiges de ces hangars, dont les dimensions convenaient pour des trières d'environ 36 m. Les fondations retrouvées qui dataient de la première moitié du Ve siècle av. J.-C. (deux états successifs furent reconnus), appartenaient aux édifices dont la restitution nous donne l'image, soit des toits en dents de scie, regroupant trois coques de navires sous chaque hangar.

II. Thalassa, la mer des Grecs

Les historiens anciens (Hérodote, Thucydide) attestaient de l'existence de la flotte de guerre de Thasos au début du Vᵉ siècle av. J.-C. Selon Pline, les Thasiens furent les premiers à utiliser les trières. Thasos pouvait en 465 av. J.-C. perdre 33 trières en guerre tout en restant assez forte pour soutenir un long siège : on peut alors penser que le nombre de navires qu'abritait le port fermé était plus important, soit de l'ordre de 45 à 50. Cela signifie qu'il fallait placer dans le port fermé de Thasos au moins 15 hangars de trois trières.

Ces hangars à bateaux peuvent être comparés à ceux que l'on trouva dans d'autres cités grecques. Mais les exemples de *neoria* mises au jour par des fouilles sont, à l'exception de ceux du Pirée, d'époque plus récente. Thasos en offre un des témoignages les plus anciens. À la fin du IVᵉ av J.-C., la fortification du port fermé fut renforcée par l'adjonction de tours rondes aux endroits vulnérables. On peut remarquer, à faible profondeur, en B et C, les fondations de deux de ces tours, et leur présence, en particulier celle de la tour C, ne s'expliquait que si l'entrée du port était situé dans ce secteur. En G, la base d'une autre tour ronde était mieux conservée.

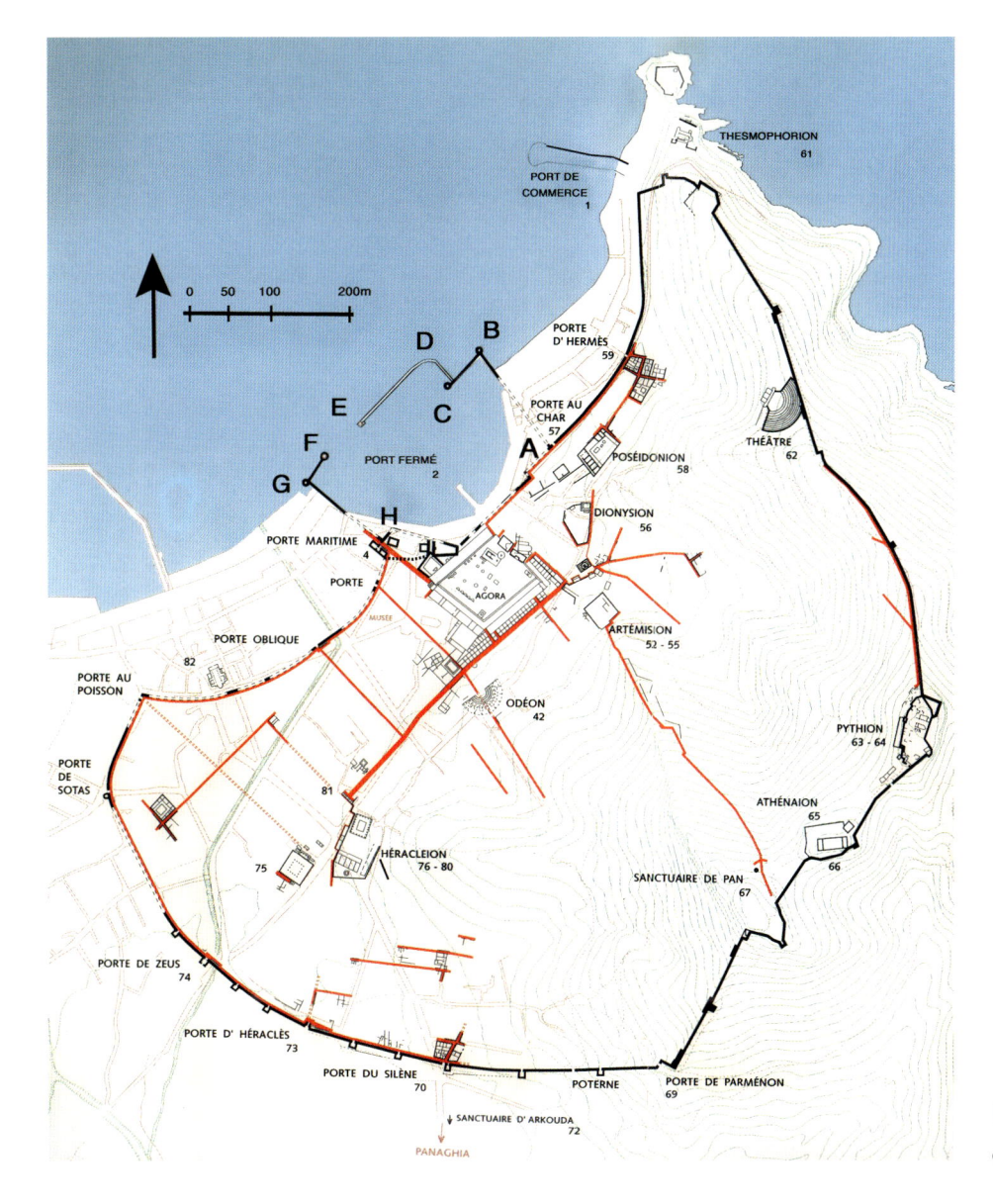

Plan de la ville de Thasos.

© EFA, T. Kozelj et Wurch-Kozelj

Maîtres de la mer

Les fouilles sous-marines du port de Thasos

L'île de Thasos était située au nord de la mer Égée, prés de la côte de Thrace. Colonisée par des émigrés ioniens venus de Paros au VIIIe siècle av. J.-C., la ville de Thasos grandit rapidement et devint très prospère au VIe siècle. Elle était protégée par une enceinte de marbre reliée à un port fortifié, avec un second port, ouvert, s'étendant au nord.

Après les guerres médiques, Athènes contraignit Thasos à entrer dans la confédération athénienne, ou ligue de Délos. La ligue de Délos était une alliance défensive, constituée en 478 av. J.-C. et rassemblant autour d'Athènes les cités égéennes, qui conservaient en principe leur indépendance par rapport à l'hégémonie d'Athènes. Malgré de nombreuses guerres, les marchands de Thasos continuèrent de prospérer, favorisant les échanges commerciaux entre la Thrace et le monde grec durant le IIe et Ier siècle av. J.-C.

Le port de Thasos, très bien conservé, représente un trésor aux yeux des archéologues. La première fouille, menée sous la direction du département grec des antiquités sous-marines, se déroula entre 1980 et 1984. Une mission archéologique de plus grande envergure fut ensuite lancée en collaboration avec l'École française d'Athènes qui visait la prospection des ports militaire et marchand.

La stèle du port.
© EFA, Philippe Collet

Relief de la porte de la déesse au char.
© EFA, T. Kozelj

De nombreux textes anciens (Hérodote, Xénophon, Plutarque et Pline) signalaient que la cité comportait alors un port ouvert et un port fermé. Ce dernier, séparé de la ville par un mur d'enceinte, avait été conçu pour des fonctions militaires et n'abritait que des navires de guerre.

Le manque de clarté due à l'absence de courant dans les eaux rendit les explorations particulièrement difficiles. Mais les efforts des plongeurs furent récompensés : quelques belles œuvres inattendues furent mises au jour.

Les ruines du port fermé sont situées au milieu de la partie orientale de l'ancienne ville. L'exploration du site révéla que le tracé des quais modernes suivait en partie celui de la muraille du port antique. Par endroits, les quais avaient été bâtis sur les assises même de l'ancien mur. Deux tours avaient été dressées de chaque côté de la passe et deux autres s'élevaient aux extrémités des deux môles qui entouraient l'entrée du port. L'entrée du port mesurait 20 m et était placée en angle, méthode usuelle à cette époque. Le bassin du port militaire possédait une forme quadrilatérale, avec une profondeur actuelle de 3 m. Le bassin du port marchand, ouvert au sud, servait à d'importants échanges commerciaux.

Le port militaire possédait aussi des hangars, localisés dans la partie nord-est du port. D'après les textes anciens, Thasos pouvait héberger au total 50 trirèmes.

La fouille fut aussi l'occasion de prélever des objets très variés, allant de la période archaïque à l'époque byzantine. Le site livra notamment des tessons de céramique de style orientalisant, des fragments attiques d'époque classique et hellénistique et de la belle céramique byzantine vernissée. Il révéla également quelques pièces de monnaie de bronze d'époque hellénistique – dont une à

Le mole du port ouvert en vue sous-marine.

© EFA, Jean-Yves Empereur

Les hangars à bateaux du port fermé, aujourd'hui submergés.

© EFA, Jean-Yves Empereur

l'effigie d'Héraclès et une autre à celle d'Artémis – ainsi que plusieurs blocs de marbre architecturaux. La découverte de sculptures, dont un torse de guerrier, une belle stèle sur le fond de laquelle se détachait la silhouette d'un homme en armes et deux panneaux sculptés d'époque impériale représentant des gladiateurs, enthousiasma particulièrement les chercheurs.

Les archéologues ont distingué trois phases dans l'histoire des installations portuaires de Thasos, qui avaient dû être construites et reconstruites à différentes périodes. Les murs de fortification du port militaire avaient été édifiés entre la fin du VIe siècle et le début du Ve siècle av. J.-C., de même que le môle du port marchand.

Le port militaire, extrêmement bien conservé, permit aux archéologues d'obtenir de précieuses informations concernant ce type d'infrastructure. Les hangars furent datés du milieu du Ve siècle av. J.-C. Les chercheurs remarquèrent aussi que les murs de fortification furent renforcés par des tours circulaires vers le IVe siècle av. J.-C. La plage artificielle fut construite à la même époque.

Le début de la période chrétienne, entre les IVe et VIIe siècles apr. J.-C., apporta beaucoup de changements au port militaire : l'entrée fut déplacée, un nouveau segment de la digue fut construit et le port se destina à des fins plus commerciales que guerrières. Finalement, le port fut laissé à l'abandon au VIe siècle apr. J.-C., jusqu'au Xe siècle où il reprendra ses fonctions.

La reconstitution d'un port classique : le Pirée d'Athènes

Afin de décourager toute velléité d'attaque sur Athènes par voie de mer, Thémistocle décida de construire un port qui abriterait la flotte. C'est la péninsule rocheuse du Pirée qui fut retenue et les premiers travaux débutèrent en 493-492 av. J.-C.

Cerné par le plateau d'Akté au sud-ouest et par la colline de Mounychia au nord-est, tous deux reliés par un isthme, le site du Pirée présentait trois baies naturelles enclavées, constituant autant de ports naturels enclos idéalement protégés contre l'extérieur. Le plus vaste des trois, appelé *Megas Limen* ou Grand Port, était situé à l'ouest de l'isthme. Il fut baptisé Kantharos. À l'est, entre la péninsule d'Akté et la colline de Mounychia, se trouvait le port de Zéa dont l'entrée formait un goulot de 40 m de large. Le petit port de Mounychia, de forme ovale, était situé en contrebas de la colline portant le même nom. L'œuvre de Thémistocle fut complétée sous les gouvernements successifs de Cimon et Périclès. Tout d'abord, par la construction des Longs Murs, soit une double muraille d'environ 10 km, protégeant la route reliant la ville à son port ; puis, par la construction de la ville.

Aux Ve et IVe siècles av. J.-C., lorsqu'Athènes dominait la mer Égée et que l'essentiel de son approvisionnement venait du Pont-Euxin, le Pirée connut une

Vue aérienne du port de Pirée, Athènes.
© Yann Arthus-Bertrand / CORBIS

grande prospérité. Durant le IIIe siècle, l'armée macédonienne s'installa dans le port de Mounychia, qui devint ainsi une base navale pour les conquêtes macédoniennes en Grèce. Au début de la période romaine, le port fut détruit par Sylla en 86 av. J.-C.

Une grande partie des installations de l'ancien port était encore visible au XIXe siècle. La construction du nouveau port sur les ruines et les bombardements de la Seconde Guerre mondiale interdisent d'envisager d'autres investigations.

Nous connaissons cependant l'aménagement du Pirée antique grâce aux descriptions détaillées figurant dans de nombreux textes anciens ainsi qu'aux rapports des archéologues qui fouillèrent le site au XIXe siècle, comme E. Dodwell en 1801, W. M. Leake en 1821, E. Curtius en 1841, H. N. Ulrichs en 1843 ou encore C. von Strantz en 1861.

La recherche archéologique sous-marine du port commença sous la direction de Dragátsis, mais des fouilles plus récentes furent entreprises par le département des antiquités en Argolide et à Corinthe, en 1958-1959. Elle visait spécifiquement le port militaire de Zéa et le hangar à bateaux de Mounychia, nommé *neosoikoi*.

Le grand port ou Kantharos

Kantharos était situé au nord-ouest de la péninsule du Pirée et représente le plus grand port naturel de la Méditerranée. D'après les cartes dressées par les archéologues au XIXe siècle, sa forme était rectangulaire irrégulière et mesurait environ 1 km de long sur 750 m de large.

À la fois zone militaire et marchande, sa partie sud était occupée par des hangars à trirèmes. Le nord et l'est du port constituaient l'Emporium, vaste esplanade de 250 m sur 1000 m qui attirait les commerçants de toute la Méditerranée. Ils venaient y présenter leurs marchandises ; une fois les cargaisons inspectées, ils amarraient leurs bateaux dans la baie, transbordant leurs denrées sur des embarcations plus petites ou bien allaient les garer sur un quai ouvert sur la mer.

Les traces de ces constructions disparurent en 1840, lorsqu'elles furent détruites pour permettre l'édification du port moderne. La position et la dimension de chaque quai étaient marquées avec des pierres spéciales, les *horoi*, ce qui facilita les analyses des archéologues.

Deux jetées naturelles prolongeaient les murs et servaient à rétrécir l'entrée du port. Ces môles mesuraient 130 m de long, laissant ainsi une entrée de 50 m. L'entrée se présentait ainsi : deux tours liées par une chaîne protégeaient le port d'une soudaine attaque. Des restes de phares furent aussi retrouvés en deux endroits sur la côte.

Dans les enceintes nord et est du port s'élevaient cinq grands portiques à colonnes de marbre appelés *stoas*. On sait que l'un d'eux servait d'entrepôt pour les céréales provenant des divers comptoirs et colonies grecs. Un autre, le *deigma*, représentait le marché aux échantillons : c'est là qu'étaient exposées les marchandises grecques et étrangères qui allaient être vendues dans l'Emporium et qu'avaient lieu les tractations commerciales. Le quai, appelé *choma*, situé à proximité, était réservé aux cérémonies militaires que l'on organisait avant les

II. Thalassa, la mer des Grecs

grandes expéditions maritimes. Il fut possible d'entrevoir l'existence d'une enceinte d'une longueur de 80 m, grâce à la découverte de morceaux appartenant à ces fondations près d'un des portiques.

Hangars dans la partie est du port de Zéa, fouilles entreprises par Dragátsis et Dörpfeld en 1885.

© photographe présumé Dörpfeld, 1891

Le port de Zéa

L'archéologue danois Bjørn Lovén dirigea les fouilles terrestres et sous-marines de l'ancien port de Zéa, deuxième port du Pirée. Naturellement mieux disposé, il fut construit avant les deux autres. Son bassin circulaire atteignait 450 m de diamètre. Comme le grand port, deux jetées surmontées chacune à leur extrémité d'une tour rectangulaire, formaient l'entrée ; celle-ci mesurait 200 m de longueur sur 180 m de largeur. La zone navale était séparée du reste de la cité avec une enceinte d'une longueur de 50 m.

Ce port était destiné aux activités militaires ; la majeure partie des navires de guerre était amarrée en cet endroit. Il reste encore aujourd'hui des vestiges des hangars. Les bateaux étaient disposés parallèlement par groupe de quatre ou de huit et étaient séparés les uns des autres par des colonnes soutenant des toits en pente faits de bois et de tuiles. Ces abris se poursuivaient aussi dans l'eau pour permettre une sortie plus facile aux trirèmes.

D'autres ruines similaires furent retrouvées en Grèce occidentale, à Oenia, et en Cyrénaïque, à Apollonia. Zéa est l'un des seuls ports de l'antiquité à fournir autant de renseignements sur les bateaux qu'il abritait, permettant ainsi à l'archéologie navale de faire un grand pas.

En 326 av. J.-C., les archives répertoriaient 360 trirèmes dans l'ancien port de Zéa. Les trirèmes mesuraient environ 35 m de long et étaient mues par 170 rameurs dirigés par seulement 20 marins. De plus, ils n'utilisaient pas d'esclaves : seuls des hommes libres pouvaient s'engager.

En 347-346 av. J.-C., Euvoulos introduisit l'idée de construire un nouvel arsenal, dessiné par l'architecte Philon. La fouille partielle de l'arsenal de Philon débuta en 1988. Les archéologues s'appuyèrent sur des textes anciens de Plutarque, de Strabon et de Pline, ainsi qu'une inscription de Philon sur un bloc de marbre, découverte en 1888, qui détaillait la méthode de construction.

Situé au nord du port, juste derrière les hangars à bateaux, l'arsenal suscitait par sa beauté l'admiration de tous, Pline n'hésitant pas à le comparer au temple d'Artémis à Éphèse. En réalité, l'arsenal ne servait pas à stocker des munitions : il s'agissait d'un entrepôt réservé à l'équipement des navires de guerre. Il avait été construit sur un axe favorable à la ventilation, du sud-ouest au nord-est, Philon accordait, en effet, beaucoup d'importance à chaque détail. Ses murs et ses soubassements étaient constitués de blocs de marbre provenant des carrières

Maquette des hangars du port de Zéa.
© Hellenic Maritime Museum

de la péninsule d'Akté. Il mesurait 130 m de long et 18 m de large. Le toit, légèrement pentu, était protégé par des tuiles de Corinthe. Des ouvertures avaient été percées très haut sur les côtés du bâtiment, laissant ainsi pénétrer la lumière. Plus bas, des fentes assuraient l'aération.

On accédait à l'arsenal de Philon par des portails à double battant. L'intérieur comportait trois allées majestueuses séparées par une double rangée de colonnes. L'allée centrale servait de passage pour le public. Dans les allées latérales, l'équipement des bateaux était entreposé, chacune était séparée par 34 compartiments. Derrière chaque paire de colonnes, des espaces clos à rayonnages furent créés, servant à ranger les câbles et autres pièces. Des coffres posés sur le sol contenaient les voiles et le reste était stocké tout en haut dans des placards. Cet édifice imposant fut achevé en 330 av. J.-C.

Les installations navales au port de Zéa dans le Pirée
Bjørn Lovén

Le port de Zéa (également appelé jusqu'à peu Pasalimani) était, dans les années 330 av. J.-C., le plus important port naval d'Athènes, avec une capacité de 196 navires de guerre. Les deux autres ports du Pirée, à savoir Kantharos, aujourd'hui un important port marchand qui, dans l'antiquité, était un port à la fois naval et marchand, et le port maritime de Mounychia (aujourd'hui Mikrolimani), hébergeaient respectivement 94 et 82 navires de guerre. Nous ne savons pas exactement quand Zéa devint un port naval, mais il est raisonnable de croire que les hangars de Zéa abritaient quelques-unes des trirèmes financées par le nombre impressionnant de lingots d'argent trouvés dans les mines de Laurion en 483-482 av. J.-C., ainsi que certains navires de guerre de la ligue de Délos à partir de 478 av. J.-C. En 404-403 av. J.-C., à la fin de la guerre du Péloponnèse, Sparte avait payé les Trente Tyrans pour démolir la plus grande partie des hangars du Pirée.

Après la guerre du Péloponnèse, Athènes lutta pour retrouver son ancien statut de maître de la mer. En 378 av. J.-C., une deuxième ligue de Délos fut fondée sans jamais détenir l'influence de la première. Athènes tenta une fois encore de devenir une puissance maritime dominante dans la lutte de pouvoir ayant suivi la mort d'Alexandre le Grand en juin 323 av. J.-C. En 322 av. J.-C., cependant, les Athéniens furent battus au cours d'une bataille décisive près de l'île d'Amorgos, dans les Cyclades du sud. Cette défaite marqua la fin du rêve d'Athènes de redevenir l'une des plus importantes puissances maritimes de la Méditerranée. En 87-86 av. J.-C., Sulla mit à sac le Pirée bien que, selon Pausanias, certains hangars existaient encore au IIe siècle apr. J.-C., et que les ports étaient vraisemblablement utilisés en tant que base navale au cours de la période romaine.

Le projet du port de Zéa a été entrepris en collaboration avec l'Institut danois d'Athènes, l'Éphorat des antiquités sous-marines et le second Éphorat des antiquités préhistoriques et classiques. En outre, le musée maritime hellénique a aimablement autorisé l'étude des fûts des colonnes qui

La partie inférieure submergée du hangar. Les ruines des autres sont visibles en arrière-plan.

© K. Christensen

proviendraient vraisemblablement des hangars de Zéa et qui ont été retrouvés dans le bassin du port en 1964. L'objectif principal du projet était d'étudier les hangars et les parties submergées des fortifications portuaires.

Les hangars occupaient la plus grande partie du bassin du port. Lorsqu'ils n'étaient pas utilisés, les trirèmes et autres types de navires de guerre étaient hâlés hors de l'eau et remisés dans les hangars afin de protéger leurs coques des vers marins et des intempéries. Un hangar est reconnu par deux critères structurels. La superstructure, c'est-à-dire la structure du toit incluant les éléments porteurs, soit les colonnes, les piliers ou les murs. Les cales de halage et de lancement sont toujours construites en pente vers la mer et une de leurs principales fonctions est de maintenir les navires hors de l'eau.

En 1872, Graser avait entrepris la première fouille sous-marine de ce qu'il présumait être les parties submergées des hangars de Zéa et de

Mounychia. La pertinence de ses observations à Zéa a été confirmée par nos analyses. Dragátsis et Dörpfeld entreprirent en 1885, les fouilles des vestiges de dix hangars sur terre dans la partie est de Zéa. Dragátsis avait également signalé que les ruines des hangars se prolongeaient dans la mer. La partie supérieure de trois hangars découverts par Dragatsis et Dörpfeld est conservée dans les sous-sols du bâtiment situé au coin des rues Akti Moutsopoulou et Sirangiou. En 2001, nous avons étudié le bassin portuaire situé en face de ce sous-sol afin de pouvoir faire le lien entre toute découverte éventuelle et les ruines à terre. Au cours de ces fouilles, nous avons localisé plusieurs structures architecturales, y compris des entailles taillées dans la roche destinées aux madriers transversaux des cales, des vestiges des colonnades et, surtout, la partie inférieure des hangars. Nous avons également, pour la première fois, pu mesurer la longueur totale d'un hangar pour trirèmes, soit 50,5 m. Étant donné qu'aucune épave de ces antiques navires de guerre grecs n'a été retrouvée, les dimensions totales des hangars représentent un témoignage important de la longueur et de la largeur de ces vaisseaux.

Les ports du Pirée étaient fortifiés à la fois face aux deux villes et à la mer. Nous avons également découvert les vestiges sous-marins des deux quais fortifiés qui permettaient de fermer l'entrée du port soit par des chaînes soit par une barre en bois.

En 2002, nous avons étudié des dépôts modernes et achevé les fouilles, commencées en 1885, des hangars conservés dans les sous-sols. L'objectif de cette recherche était de mettre les hangars entièrement à jour et de vérifier si les dépôts archéologiques liés à la construction n'avaient pas été négligés lors des fouilles de 1885. Nous avons découvert une fosse contenant des éléments archéologiques datant du IVe siècle av. J.-C. Nous avons également commencé les fouilles de la partie inférieure submergée du hangar le mieux préservé du sous-sol.

La visibilité dans les sites marins peu profonds est souvent très faible. Nous avons par conséquent procédé aux fouilles dans une enceinte d'eau claire. Ce système, inventé par Charles Pochin, consiste à utiliser un cadre, d'une dimension de 4m x 4m, fait de tubes en plastique flottants à partir desquels pend un rideau de toile recouverte de PVC résistant. La partie inférieure du rideau est lestée par des sacs de sables insérés dans une fente. De l'eau claire est alors pompée dans l'enceinte à partir de l'extérieur du bassin portuaire. Ce système permet d'avoir la visibilité nécessaire à un travail précis sous l'eau. L'eau sale et les sédiments sont retirés de l'enceinte grâce à la drague utilisée pour les fouilles des structures architecturales sous-marines.

La puissance d'Athènes au cours de la période classique reposait sur la puissance de sa flotte et nos recherches concernent l'un des plus grands complexes de la Grèce classique. Selon nos estimations plus de 3 000 m de vestiges de l'ancien port seraient conservés sous l'eau dans la partie orientale du port de Zéa. Nous espérons que des fouilles futures mettront au jour les vestiges d'autres parties du port.

Maîtres de la mer

Le port de Mounychia

Ce petit port abritait également des hangars à trirèmes. Strabon indiquait dans ces textes que des habitations avaient été bâties sur la colline de Mounychia. Comme le port de Kantharos et celui de Zéa, le port de Mounychia possédait également deux jetées, avec à leur extrémité, une tour. La jetée du sud-ouest mesurait 190 m, celle du nord-est mesurait 95 m. Un édifice fut trouvé au milieu de la digue et pourrait être un petit temple, ou un phare. Le bassin de Mounychia avait une forme elliptique et ses dimensions étaient de 360 m de long sur 220 m de largeur. Les hangars de Mounychia étaient divisés en deux compartiments parallèles et mesuraient 5,3 m de long.

Les murs de fortification d'Athènes

Sur toute la périphérie du port se dressaient des murs de fortification, dont la construction fut achevée en 479 av. J.-C. L'entrée du Pirée était composée de deux grandes portes, édifices les plus anciens du site. Elles étaient constituées de gros blocs de pierres calcaires disposés sur des fondations en maçonnerie brute et joints par des crampons métalliques dans leur partie supérieure.

Les Longs Murs qui menaient du Pirée à Athènes.

© David Lees / CORBIS

Des murs supplémentaires devaient être construits à la fin du Vᵉ siècle. L'un d'eux contournait le grand port : il suivait la côte ouest du promontoire d'Eetioneia, s'interrompait à hauteur du barrage appelé *dia mesou choma* pour longer le port jusqu'au sud de l'Emporium. Un autre mur, d'une épaisseur de 8 m, avait été bâti entre Kantharos et le nord-est de la colline de Mounychia sur un terrain plat et donc plus vulnérable aux attaques. Enfin, la protection de cette zone était renforcée par un fossé de 10 m de large.

Afin de consolider les voies qui les unissaient au port, Thémistocle entreprit en 478 la construction des Longs Murs, deux rangées de murs parallèles (augmentées d'un autre mur par la suite) qui menaient du Pirée à Athènes. Ces murs leur assuraient un contact permanent avec la mer en cas d'occupation et permettaient le passage des armes et des vivres entre le port et la ville. En temps de guerre, les habitants des environs pouvaient s'y réfugier. Cette construction imparable servit d'exemple aux villes de Corinthe et de Mégare notamment.

Thémistocle réussit à faire du Pirée un grand centre naval et marchand qui allait faire d'Athènes pendant un siècle au moins une puissance maritime hors pair. Sa flotte permit aux Athéniens de repousser l'invasion des Perses et de soumettre leurs rivaux d'Égine et de Corinthe.

3. Les épaves

Le trafic maritime était prédominant pour des raisons pratiques et économiques. Les bateaux pouvaient transporter très loin des quantités appréciables de marchandises sans que les risques de naufrage, pourtant relativement élevés, ne mettent en péril les profits accumulés par les marins. Ce sont ces bateaux, coulés par le mauvais temps ou rompus sur des écueils, qui offrent aujourd'hui, grâce aux progrès de l'archéologie sous-marine, les contributions les plus complètes à l'histoire économique et maritime du monde grec.

La cargaison helladique de l'épave de Dokos

Le site de l'île de Dokos fut découvert en 1975 par l'américain Peter Throckmorton qui fut l'un des pionniers de l'archéologie sous-marine depuis la fin des années 1950. Il résida en Grèce jusqu'en 1975 et contribua au développement de l'archéologie sous-marine dans ce pays. Il participa aussi à la création de l'HIMA (Hellenic Institute of Marine Archaeology) en 1973, première agence nationale dédiée à l'étude et à la conservation de l'héritage sous-marin de la Grèce.

Le plongeur entreprend le repérage des objets sur le site de l'épave de Dokos.

© HIMA

Dokos est une petite île située au sud de la Grèce, à près de 96 km à l'ouest de Sparte. En 1975 et 1977, l'HIMA entreprit deux premières investigations du site, sous la direction de George Papathanassopoulos, puis décida de lancer une campagne de fouilles entre 1989 et 1992. Il ne s'agissait pas d'une épave à proprement parler, car du navire lui-même, il ne restait rien. Tous les matériaux biodégradables comme le bois, le cuir ou certains tissus, avaient disparu sous les eaux. En revanche, la cargaison, qui incluait notamment 15 000 tessons de céramiques, deux ancres et d'autres objets permirent aux archéologues de remonter très loin dans le temps. La datation des céramiques indiqua que le naufrage remontait à 2 200 av. J.-C., pendant le premier âge du bronze ; c'est le plus ancien connu à ce jour. À cette époque, la puissance des Cyclades commençait à s'essouffler et serait bientôt supplantée par la civilisation crétoise.

Le docteur Yannis Vichos présente les diverses techniques utilisées pendant la fouille archéologique sous-marine du site.

Première année de fouille de l'épave de Dokos
Dr Yannis Vichos

Les premières reconnaissances effectuées en 1975 et en 1977 sur le site sous-marin de Dokos avaient montré les difficultés qu'y rencontrerait une exploration archéologique systématique. En effet, bien que la profondeur maximale du gisement n'excédât pas 32 m, il était facile de se rendre compte que, étant donné la forte déclivité du fond et l'abondance du matériel, le temps nécessaire à la mise en place d'un quadrillage de type classique et au repérage des trouvailles par n'importe quel procédé topographique connu serait tellement long qu'il devenait déraisonnable de se lancer dans l'entreprise.

Une prospection systématique a été menée trois mois avant le début de la première campagne de fouille proprement dite, effectuée par l'Institut de recherches archéologiques sous-marines, sous la direction de G. Papathanassopoulos. Elle a permis, à l'aide d'un sondeur portatif, d'établir un diagramme du fond marin, qui a confirmé les observations faites antérieurement et nous a guidé sur la méthode à appliquer et des systèmes permettant de l'appliquer.

Ayant exclu le dispositif classique de quadrillage et de relevé topographique, nous nous sommes orientés vers un procédé tout à fait nouveau de cartographie sous-marine, le SHARPS (*Sonic High Accuracy Recording and Positioning System*), mis au point par des techniciens de l'Institute of Nautical Archeology (INA). Celui-ci permet un repérage des objets – en plan et en profondeur – au moyen d'ondes sonores émises sur une haute fréquence, avec enregistrement direct des données sur ordinateur.

L'utilisation du système SHARPS en 1989 à Dokos étant une première mondiale, nous avons décidé de doubler le relevé topographique d'une couverture stéréophotographique complète. Nous avons utilisé pour cela un appareil photo se déplaçant sur un quadrillage en tubes métalliques, les clichés étant pris à intervalles réguliers et avec un taux de recouvrement

La zone du site était parsemée de céramiques et d'amphores.
© HIMA

Le plongeur inspecte les restes d'une amphore.
© HIMA

minimum de 60 %. Cela permettra, après traitement au stéréoscope, d'obtenir un plan topographique par photogrammétrie. Le recours à deux systèmes topographiques différents répondant en fait aux mêmes besoins a résulté d'un choix délibéré, car il offrait une sécurité supplémentaire.

Le problème le plus délicat de la fouille – celui du relevé topographique – étant ainsi résolu, il restait à atteindre les autres objectifs que l'on s'était fixés pour la première campagne : la délimitation de la zone à explorer, le repérage des objets des couches superficielles, la mise en place d'étiquettes numérotées pour chacun d'entre eux (ou chaque groupe), l'enlèvement de tous les artefacts visibles et leur mise en lieu sûr dans un musée.

La délimitation de la zone à explorer a été confiée à deux archéologues plongeurs, également responsables de l'étape de repérage. Pour la signalisation de celles-ci, on a utilisé des étiquettes en plastique portant des chiffres blancs sur fond noir. Vu l'abondance du matériel, celles-ci ont été disposées sur des groupes d'objets plutôt que sur des objets isolés. Ceux-ci ont ensuite été remontés par groupes, dans des sacs en plastique, chaque paquet conservant le numéro qui lui avait été attribué au fond de l'eau.

Pour le transport, les sacs en plastique contenant les objets ont été placés dans des seaux et des bassines remplies d'eau. On s'est efforcé de mener une fouille exemplaire du point de vue de la méthodologie, aussi bien par le recours à des procédés technologiques de pointe, que par souci pédagogique.

Chronique de l'exploration

Après l'acheminement des équipements et la mise en place des installations terrestres et maritimes, on a effectué plusieurs reconnaissances sous-marines qui ont confirmé que la plupart des trouvailles gisaient entre 15 m et 32 m de profondeur, sur une superficie de 690 m^2. Cette aire a été délimitée au moyen de cordes attachées à 18 piquets métalliques numérotés. Le polygone ainsi formé a été relevé par la méthode traditionnelle et par le système SHARPS, qui s'est révélé parfaitement fiable et incomparablement plus rapide. L'aire à explorer a ensuite été subdivisée en neuf secteurs.

Après l'installation du système SHARPS, qui a nécessité une semaine, les plongeurs, par groupe de deux, ont commencé le repérage des objets et groupes d'objets à l'aide d'étiquettes numérotées de A1 à A250 (la lettre A désignant la couche superficielle). Ils ont ensuite enregistré les numéros et brièvement décrit et photographié sur place les groupes d'objets et relevé leur emplacement à l'aide du système SHARPS. Cette dernière opération est effectuée par un plongeur relié à la surface qui pointe sur l'étiquette de l'objet à relever une sorte de pistolet émetteur d'ondes sonores ; l'émission est déclenchée depuis la surface par l'opérateur de l'ordinateur.

Artefacts coincés dans les rochers et concrétions.

© HIMA

Les plongeurs-archéologues étiquettent les artefacts et les restes de la cargaison pour les reporter sur le plan.

© HIMA

En même temps, on a commencé le relevé stéréophotographique de secteurs particulièrement riches en matériel, non sans un nettoyage superficiel préalable.

Au cours de ces travaux, on a découvert, à une quarantaine de mètres du site principal, deux grosses dalles de schiste verdâtre percées d'un trou et gisant respectivement par 34 et 38 m de fond. Elles ont toute chance d'être des ancres préhistoriques, en rapport direct avec le naufrage. Elles pèsent 18,500 et 21,500 kilos respectivement.

On a ensuite procédé au relevé cartographique du terrain exploré, à l'aide du système SHARPS et l'on a recalé le gisement archéologique par rapport au littoral, afin de pouvoir le reporter sur le plan topographique.

Puis on a commencé à remonter méthodiquement les trouvailles, secteur par secteur, en les plaçant dans des sacs en plastique identifiés par une étiquette. Les sacs d'un même secteur étaient ensuite placés dans un panier métallique accroché à un ballon, que l'on gonflait pour le hisser jusqu'à la plate-forme flottante. G. Papathanassopoulos, directeur de la mission, et d'autres archéologues, procédaient alors à un premier enregistrement des trouvailles, qu'ils plaçaient ensuite, avec leurs sacs et leurs étiquettes, dans des seaux pleins d'eau de mer.

Les travaux de la campagne ont été photographiés et partiellement filmés. Le dernier jour, les trouvailles ont été transportées au musée archéologique de Spetsai.

Résultats de l'exploration

L'essentiel des trouvailles était rassemblé au centre de l'aire délimitée. Le tracé irrégulier des secteurs n'a absolument pas gêné les opérations de relevé, puisque le système SHARPS fonctionne indépendamment de toute grille, sur un plan horizontal fictif déterminé par trois récepteurs d'ondes fixes. Les neuf secteurs – qui devront être encore subdivisés pour faciliter le travail – n'ont donc servi que pour le repérage, le relevé et la collecte des trouvailles.

La campagne de 1989 a donné les résultats attendus en ce qui concerne la cartographie du site et le relevé des emplacements. Les méthodes choisies ont donné toute satisfaction, leur application n'a généralement pas posé de problème et la décision d'utiliser deux systèmes de relevé concurrents s'est révélée judicieuse pour pallier les inévitables déficiences de l'un ou de l'autre.

Bien que l'on en soit encore au stade de l'élaboration des données, on dispose déjà, grâce au programme AutoCAD, d'un plan complet du site exploré avec l'emplacement de toutes les trouvailles ainsi que leur hypsométrie.

À la fin de la campagne de 1989, toutes les trouvailles visibles ont été remontées. Leur enregistrement sur place, dès leur sortie de l'eau, s'est révélé particulièrement utile et devra être poursuivi de façon encore plus méthodique. Sur les 1 381 objets enregistrés, on compte surtout des fragments de vases, qui datent pour l'essentiel de la fin de l'Helladique ancien II, (le terme « Helladique » renvoie au premier âge du bronze).

Les céramiques du style premier Helladique II

La cargaison gisait éparpillée le long d'un sol en pente descendant jusqu'à 32 m de fond. Les poteries de la cargaison incluaient tous les types courants EH II, Helladique ancien II, de céramiques de l'époque, dont les archéologues avaient déjà retrouvé quelques exemplaires sur les sites terrestres. Son chargement livra des saucières, des bols profonds et d'autres à bord moins élevés, des cruches et des assiettes. Les nombreuses saucières retrouvées appartenaient à la classe typologique des saucières d'Askitario. La fin de l'étude de l'ensemble de la cargaison devrait pouvoir éclaircir la provenance de ces vases. L'équipe mit également au jour les fragments d'une *pyxis*, boîte cylindrique ou sphérique munie d'un couvercle.

Parmi les vases plus volumineux, citons des jarres à large embouchure, une amphore et un *pithos*, à demi enterré. Ce récipient est une grande jarre, destinée au stockage et transport de blé ou d'huile. Le navire transportait aussi plusieurs *askoi*, sorte de pichets plats à goulot latéral et anse à panier reproduisant la forme primitive des outres. D'autres ustensiles d'usage courant furent prélevés, en particulier un plateau pour la cuisson et un bougeoir. Le reste de la cargaison était composé de meules, de fragments de lingots de plomb, provenant des mines de Laurion, de lames en obsidienne et de deux ancres de schiste.

Vestige d'une amphore trouvée sur le site de Dokos.

© HIMA, photo : K. Xenikakis

L'abondance des pièces incite à penser que le navire était de grande envergure. Cette hypothèse fut toutefois démentie par la découverte de deux ancres dont le poids et la taille modestes ne pouvaient correspondre qu'à un bateau de 12 à 15 m de long.

Les ancres de pierre

Il est toujours difficile d'attribuer une date précise aux ancres antiques, leur style n'ayant évolué que lentement au cours des siècles. Celles qui furent retrouvées sur le site de Dokos présentaient a priori toutes les particularités des ancres que l'on fabriquait à l'âge du bronze ancien. Les deux ancres étaient disposées à proximité de la cargaison, à 14 m l'une de l'autre, et étaient accrochées à un sol rocailleux. La première, de forme triangulaire, reposait à une profondeur de 34 m relativement près de la rive. L'autre, de forme arrondie, se trouvait à 38 m de profondeur. Elles comportaient chacune un trou sur le bord. On savait qu'à cette époque, les navigateurs jetaient l'ancre à pic et non pas à distance du navire. Avant de les remonter, les archéologues, pour s'assurer de leur origine, firent passer une corde par le trou des ancres et tentèrent de les hisser depuis leur bateau-base, qu'ils avaient placé au-dessus du site. Les soulever ainsi leur demanda beaucoup d'efforts. Ils déplacèrent alors le bateau et le positionnèrent juste au-dessus des ancres : cette fois, l'effort requis pour les remonter était moindre. Leur forme, l'emplacement du trou, la technique utilisée pour les soulever, la nature du fond où elles furent retrouvées : tout indiquait qu'elles dataient du début de l'âge du bronze.

Les plongeurs libèrent les artefacts du site de l'épave de la pointe Iria avec un aspirateur à sédiments.

© HIMA

II. Thalassa, la mer des Grecs

Une jarre à étrier ensevelie au fond de la mer.
© HIMA

Les artefacts retrouvés sur le site, dont le style était typique de la production des régions de l'Argolide et de la Grèce centrale et continentale, laissaient penser que le navire de Dokos devait effectuer un voyage usuel et assez court. L'endroit du naufrage était situé sur la route commerciale maritime joignant le sud du golfe de l'Eubée au Saronique et au golfe d'Argolide, où se trouvait le grand centre protohelladique de Lerne. Le bateau provenait sans doute d'Attique ou de l'Eubée et se dirigeait vers le golfe de l'Argolide. L'île de Dokos devait donc constituer une escale.

L'épave de la pointe Iria : navire mycénien ou chypriote ?

Pr Yannos G. Lolos

Cette épave, datant d'environ 1 200 avant J.-C., gisait au large de la pointe Iria, sur la côte sud de l'Argolide, dans le sud de la Grèce. Elle fut découverte en 1962 par feu Nikos N. Tsouchlos, l'un des pères de l'archéologie sous-marine en Grèce. Les fouilles archéologiques systématiques de l'épave, organisées par N. Tsouchlos, furent entreprises par le HIMA, établi à Athènes, de 1991 à 1994, sous la direction de Charalambos Pennas et Yannis Vichos. L'épave devint célèbre après l'ouverture de l'exposition permanente de sa cargaison au musée de Spetses, en 1998 ainsi qu'à la suite de la publication des rapports d'une conférence spéciale qui s'est tenue dans l'île de Spetses, l'année suivante.

Cette épave, probablement un navire marchand chypriote, mesurait environ 10 m de long. Le bateau fut construit par la méthode de «coque la première». Il naviguait dans les eaux de la mer Égée, transportant, comme la plupart des anciennes épaves, une cargaison de céramiques diverses, comprenant des poteries chypriotes, crétoises et helladiques/mycéniennes. Cette cargaison se distinguait de celle de l'épave contemporaine du cap Gelidonya, sur la côte sud de l'Anatolie, qui transportait principalement des

Ensemble des amphores et céramiques retrouvées sur le site, et, tout à droite, une des ancres du navire.
© HIMA

objets en métal. Elle constituait un élément primordial pour la confirmation des échanges et relations entre Chypre et l'Argolide à la fin du XIIIe siècle et au début du XIIe siècle av. J.-C. Leurs relations commerciales avaient été soulignées auparavant dans plusieurs études, indiquant le rôle essentiel qu'un groupe de villes côtières (Tirynthe, Nauplion, Asine) et un groupe d'îles avoisinantes avaient certainement joué. Une ancre triangulaire en pierre avec des coins arrondis et trois trous, pesant 25 kg, fut découverte au milieu de la cargaison, sur le fond marin. Malgré sa taille restreinte, la cargaison des poteries de l'épave de la pointe Iria représente l'une des rares collections de céramiques qui furent découvertes, jusqu'à ce jour, dans une épave d'un navire marchand retrouvée en Méditerranée. Remontant à la fin de l'âge du bronze, elle nous fournit de précieux renseignements sur le commerce maritime de longue distance aux environs de 1200 av. J.-C.

La cargaison comprenait 25 pots, en plus d'une grande jarre chypriote (*pithos*) intacte qui avait été repérée auparavant mais qui fut malheureusement perdue. Ces pots semblaient former la plus grande partie de la cargaison. Le chargement de poteries comprenait trois groupes principaux : un groupe Chypriote ancien IIC/IIIA ; un groupe crétois de la période Minoenne ancienne III B2 ; et un groupe d'Helladique ancien (Mycénienne) III B2, avec neuf vases.

Ces trois groupes étaient caractérisés par la présence de grands récipients servant au transport et stockage. Le premier groupe comprenait essentiellement des *pithoi* d'une bonne qualité de cuisson et ayant des fonctions multiples. Le second groupe se composait de jarres à étrier (jarres à faux goulot) de matériaux de qualité inférieure et d'origine crétoise, connues sous le nom de chlareis, d'après les textes Linéaires B de Knossos et Pylos ; elles servaient avant tout à l'emmagasinage et au transport de l'huile d'olive et du vin. En comparaison avec les objets découverts, les huit jarres à étrier de l'épave de la pointe Iria constituaient, dans l'ensemble, un groupe homogène, leur origine remontant à la Crète centrale. Elles pourraient donc représenter une commande bien spécifique destinée à un centre quelconque de l'Argolide. Le troisième groupe était constitué principalement de trois grandes jarres à deux anses de la période Helladique ancien, similaires à celles du Péloponnèse.

Le *pithos* chypriote de forme ovoïde ou ovoïde-conique, souvent orné de plusieurs bandes à relief et la grande jarre à étrier égéenne, appartenaient à des styles de céramiques bien connus, originaire de la fin du XIVe et du XIIIe siècle av. J.-C. Leurs caractéristiques se retrouvaient aussi bien à Ugarit en Syrie et à Chypre que dans la région d'Agrigente dans le sud de la Sicile et à Antigori dans le sud de la Sardaigne.

La plupart des céramiques de l'épave de la pointe Iria, identifiées aussi par la présence des deux styles de céramiques chypriotes et égéennes, possédaient des correspondances évidentes avec la grosse cargaison de poteries de l'épave d'Uluburun, datant d'environ 1300 av. J.-C. et, dans une certaine mesure, avec l'épave du cap Gelidonya datant d'environ 1200 av. J.-C.

Totalement absents de la cargaison de l'épave de la pointe Iria furent les objets syro-palestiniens, tels que de petits récipients d'usage quotidien et des jarres cananéennes. La coexistence et la circulation contemporaine d'objets d'origine égéenne, chypriote et même syro-palestinienne, n'étaient pas inhabituelles dans les principaux ports du XIVe et du XIIIe siècle av. J.-C., comme Tirynthe, Chania (Kydonia) et Kommos sur la côte sud de la Crète.

Les caractéristiques des céramiques transportées par l'épave de la pointe Iria révélèrent un schéma typique de la circulation de types bien définis de récipients destinés au transport et des produits de base, dans le cadre des échanges qui se faisaient sur les grandes voies maritimes de la Méditerranée orientale et centrale aux alentours de 1200 av. J.-C.

On peut présumer que le navire de la pointe Iria était d'origine chypriote plutôt que mycénienne. Ceci est d'abord confirmé par la présence des grandes *pithoi* chypriotes servant au transport et stockage au cours de ses traversées. De plus, la découverte de trois cruches chypriotes parmi les objets utilitaires, appartenant sans doute à l'équipage et les incisions des marques des marchands sur les anses d'une amphore de style mycénien finirent de préciser son lieu d'origine. Ces estampilles étaient similaires à celles trouvées sur les pots de Minet el-Beida en Syrie et sur les lingots de cuivre chypriotes de la cargaison de l'épave d'Uluburun, dont on pourrait également souligner le lien avec les signes d'écriture Chypro-Minoen 1.

À l'encontre de la cargaison exceptionnelle et «royale» de l'épave d'Uluburun, le chargement retrouvé dans l'épave échouée sur les fonds marins de la pointe Iria ne semble aucunement avoir fait partie d'un envoi spécialement commandé par un gouvernement central quelconque. Néanmoins, dans le cadre des échanges commerciaux et des routes maritimes en 1200 av. J.-C., cette épave fournit des indices précieux sur la navigation régulière. Elle emprunta des voies maritimes qui reliaient Chypre et l'Argolide, et qui passaient peut-être par la Crète et d'autres îles.

Maîtres de la mer

II. Thalassa, la mer des Grecs

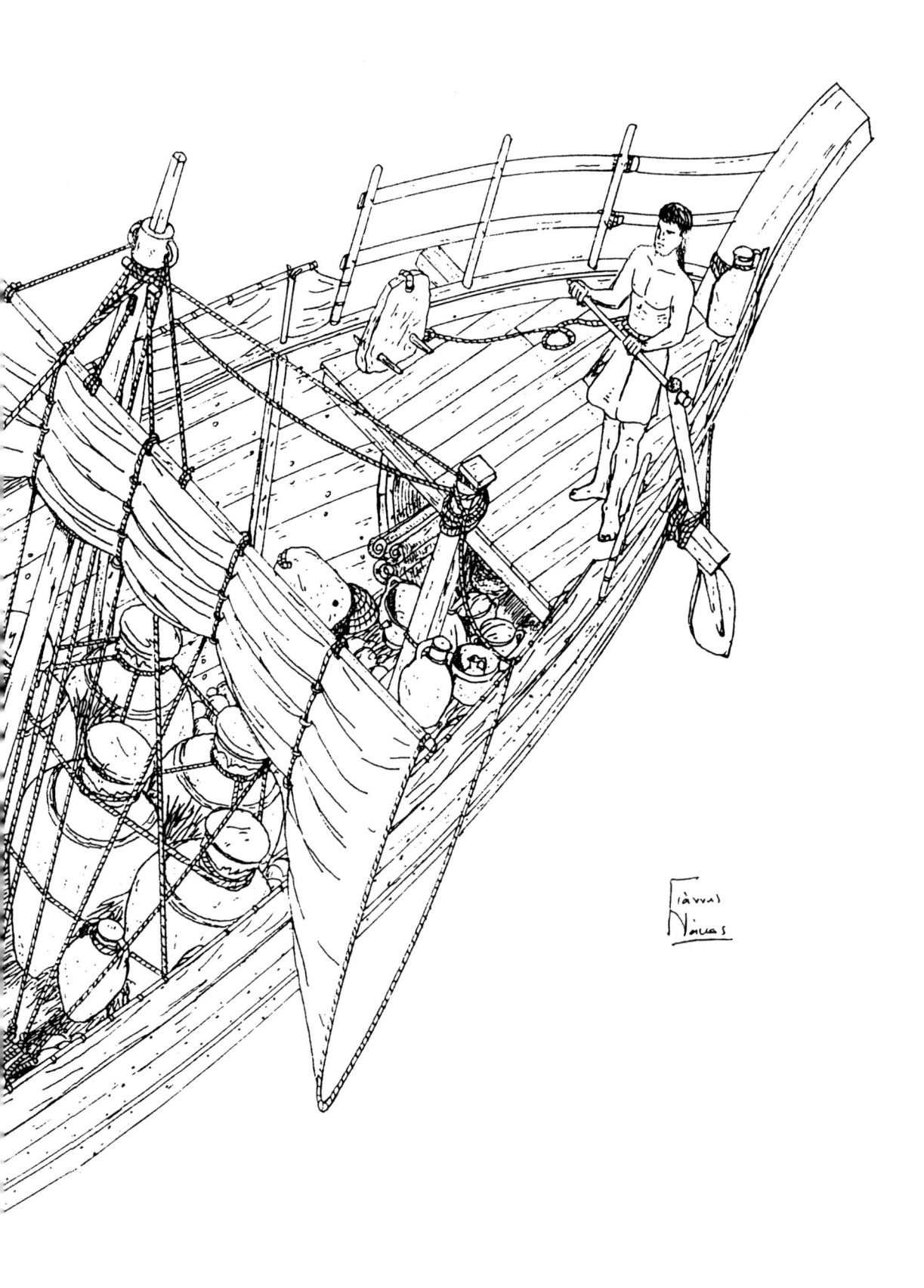

Dessin de la reconstruction du navire de la pointe Iria.

© HIMA, dessin : Yannis Nakas

L'épave de la pointe Iria : commentaires

Yannos G. Lolos

En 1962, au fond de la mer près de la pointe Iria, à mi-chemin entre les villes homériques d'Asine et de Mases dans le golfe d'Argos, Nikos Tsouchlos localisa les restes d'une cargaison de poteries. Il fut particulièrement intéressé par un grand vase intact (*pithos*) et plusieurs poteries et fragments à moitié enterrés sous le sable. La plus grande concentration de poteries reposait sur le fond incliné, composé de rochers, de concrétions et de petites parcelles de sables, à 15 m du rivage rocheux et à environ 100 m du nord-ouest de l'extrémité de la pointe Iria, et à une profondeur variant de 12 m à 27 m. Trois décennies plus tard, les fouilles systématiques entreprises par l'Institut hellénique de l'archéologie sous-marine révélèrent que le fond marin cachait la cargaison du navire datant d'environ 1200 av. J.-C., qui sombra à cet endroit. Le chargement se composait de poteries chypriotes, crétoises et helladiques (mycéniennes), constituant des preuves tangibles du commerce maritime et des contacts entre Chypre et l'Argolide, et éclairant des nouvelles facettes des relations chypro-mycénienne à la fin du XIIIe siècle av. J.-C., c'est-à-dire approximativement durant la guerre de Troie.

En septembre 1998, trente-six ans après ces découvertes dans le golfe d'Argos, Nikos Tsouchlos, lors d'une conférence internationale sur l'épave de la pointe Iria, tenue sur l'île de Spetses, employa les mots suivants pour décrire la première reconnaissance du site et certainement les heures les plus glorieuses de sa longue carrière comme archéologue sous-marin :

« Dans les années 1960, j'étais assez expérimenté en tant que plongeur et j'ai rencontré très souvent, lors de mes excursions sous-marines, des objets anciens, soit éparpillés, soit concentrés, composant probablement des restes d'épaves. C'est ainsi, il y environ trente ans, lors d'une de mes plongées, que je me suis retrouvé en face de l'épave de la pointe Iria. À la différence des autres, celle-ci m'attira tout de suite. C'était peut-être la largeur des poteries, ou peut-être leur forme unique, ou tout simplement mon vif intérêt pour notre histoire maritime.
Cette fois, je ne les voyais pas comme des objets isolés et sans vie, je sentis que je me trouvais en face de témoins vivants des derniers moments tragiques du navire et de son équipage. L'épave de la pointe Iria entraîna un changement dans mon approche, qui me poussa dans une nouvelle voie et, d'une certaine façon, détermina ma ligne de conduite. »

À la suite des autres fouilles du site en 1971, 1974 et 1990, les recherches de l'épave, vieille de trente-deux siècles, terminées lors de quatre saisons successives et sponsorisées largement par A.G. Leventis Foundation et l'Institute for Aegean Prehistory (INSTAP), furent le deuxième projet à grande échelle de l'Institut, le premier étant l'épave de Dokos.

L'Institut rassembla une équipe variée et efficace, comprenant des archéologues, des étudiants, des techniciens, des conservateurs, et d'autres personnes, qui complétèrent la fouille de l'épave avec succès. Au total,

Photographie de la cargaison de l'épave dans l'exposition au musée de Spetses, en Grèce.

© HIMA, photo : K. Xenikakis.

II. Thalassa, la mer des Grecs

plus de 80 personnes participèrent aux recherches. En juin 1993, un camp organisé, servant de base à l'équipe, fut installé par Nikos Tsouchlos, Yannis Baltsavias et Petros Vakondios, sur la plage d'Iria, au nord du site sous-marin. Le camp fut par la suite visité par des fameux archéologues tels que H. Frost, P. Pomey, A. J. Parker, Sp. Iakovidis, V. Karageorghis, Ch. Kritzas et A. Kyrou, lorsque les informations concernant la date et l'identité de l'épave se propagèrent. Cette épave appartenait à l'âge du bronze final, dont seulement le tiers, d'une certaine taille, fut trouvé et fouillé dans le monde cosmopolite de l'est de la Méditerranée, après les plus fameuses, soit celles du cap Gelidonya et d'Uluburun au sud de la côte d'Anatolie. Elle constituait ainsi une source inestimable de preuves pour l'étude du commerce et des échanges de longues distances à cette époque. Les chercheurs, réalisant les implications d'une telle découverte, réussirent à compléter la conservation, l'étude complète et l'exposition de la cargaison de l'épave en 1998, quatre ans seulement après la fin du travail sur le fond marin.

Ces jours étaient des jours heureux pour nous tous et pour moi, sur le site de l'épave et sur le camp de base, sous les ombres épaisses des arbres salins sur le rivage. Lorsque j'écris ces lignes, en souvenir de Nikos, presque dix ans après la fin de la campagne en 1994, je me souviens vivement de l'euphorie au début du projet, partagée par toute l'équipe, surtout après l'identification de l'origine chypriote du lourd vase à eau, large à sa base (vase A20 ou « vase de Tsouchlos »). Ce vase, aujourd'hui exposé au musée de Spetses, aurait pu appartenir aux membres de l'équipage. Il fut sauvé par Nikos, plongeant sur le site en compagnie de George Masselos, le 26 septembre 1971, puis fut gardé à l'abri dans sa maison à Athènes durant presque deux décennies.

Plongeur perdant l'équilibre sous le poids d'une amphore.
© HIMA

On croyait à l'époque que le vase appartenait à la période Géométrique ou Archaïque, puis il fut donné au musée de Spetses au début du projet de la pointe Iria lancé par l'Institut. Malheureusement, le *pithos* large et intact, découvert par Nikos au fond de la mer sur la pointe Iria en 1962, fut volé entre le film de l'épave de Bruno Vailati en 1974 et le début de la fouille systématique de l'Institut. Nous connaissons seulement ce large vase chypriote à travers une excellente photographie en couleurs prise par Nikos, lorsqu'il écrivait, dans le golfe d'Argos, *L'Histoire de l'archéologie sous-marine en Grèce*.

L'épave d'Alonnesos

L'île d'Ikos (nom ancien de Alonnesos), au nord de la mer Égée, demeurait sous l'égide d'Athènes au temps de la ligue de Délos. Comme toutes les îles des Sporades septentrionales, elle offrait une escale commode aux navires athéniens à destination de Mende, au nord de la mer Égée, du Pont-Euxin et de l'île de Chios. Le grand nombre d'épaves repérées au large de ces îles suggérait effectivement qu'un trafic maritime intense avait existé dans la région. Ces navires n'ont pas encore tous été fouillés ni documentés.

Celui qui nous occupe, repéré en 1985 au large d'Alonnesos par un pêcheur grec, fit en revanche l'objet d'une campagne de fouilles exhaustive. Elles commencèrent en 1992, sous la direction de F. K. Démétrios Haniotes, par un programme de photogrammétrie afin de préparer des cartes et des plans de fouille. En 1995, deux autres fouilles furent lancées, avec le carroyage du site, l'étude des artefacts, les photographies et les dessins détaillés de la cargaison.

L'épave d'Alonnesos mesurait approximativement 30 m de long et 10 m de large. La cargaison de l'épave, éparpillée sur un sol en pente entre 22 m et 33 m de fond, comprenait de la vaisselle ordinaire, en partie, originaire d'Athènes et une cargaison de plus de quatre mille amphores vinaires en parfait état.

Ces dernières avaient été fabriquées à Mende, dans l'île de Péparéthos (nom ancien de Skopelos) et dans l'île d'Ikos entre 420 et 400 av. J.-C. Si Mende produisait un vin de qualité reconnu dans toute la région, Péparéthos, aux dires des Athéniens, en produisait un de second ordre... ce qui n'empêchait pas ces derniers de l'acheter pour aller ensuite le distribuer dans l'Égée et autour du Pont-Euxin.

Les amphores de Mende se distinguaient de celles de Péparéthos par leur forme ventrue. La cargaison en livra deux types. Le premier lot comportait des amphores de teinte rouge clair, hautes de 61 cm et larges de 38 cm au niveau de l'épaule. Celles du second lot, de forme et de taille identiques, étaient brunes.

Les amphores péparéthiennes, de deux types, présentaient une forme conique et élancée. Hautes de 76 à 81 cm et larges de 32 cm maximum, elles avaient un col allongé et une épaule arrondie. Celles du premier lot, de teinte rosée, sont connues sous le nom d'amphores Solocha II et l'on en retrouva des quantités de ce type autour du Pont-Euxin et de la mer Égée.

L'équipe mit également au jour un mortier en terre cuite à deux anses, assez lourd, avec une base large et un bord épais et arrondi. Citons également une coupe-skyphos, sorte de gobelet à deux anses horizontales. Celle-ci provenait peut-être d'Athènes. Elle était en partie noire vernissée et portait un beau décor de palmes à l'intérieur.

Le gisement livra également des pièces de vaisselle, dont le nombre important suggérait qu'elles n'appartenaient pas à l'équipage mais qu'elles faisaient partie de son chargement. Parmi ces ustensiles se trouvaient : une cruche élégante, à panse large et pied annelé ; une *chytra*, récipient servant à chauffer l'eau ; des tasses d'origine athénienne, entièrement noires vernissées avec un col concave et un décor de pétales gravé sur la panse ; plusieurs coupes à boire athéniennes portant à l'intérieur un décor raffiné, composé de cercles concentriques avec une étoile au centre ; des bols à pied noirs vernissés, vraisemblablement originaires d'Italie du sud, ainsi qu'une lampe à huile athénienne.

Parmi les objets de métal, les archéologues retrouvèrent notamment un beau *kados* en bronze, légèrement érodé, avec une panse en forme de cloche. Ces récipients élégants servaient à transvaser le vin et l'eau. Ils découvrirent aussi deux traverses en plomb d'une ancre : les marins les utilisaient pour resserrer les bras des ancres, qui s'enfonçaient ainsi plus facilement dans le sol.

L'étude de la cargaison permit de dater le naufrage précisément en 476 av. J.-C., date à laquelle le général athénien Cimon partit d'Athènes vers le nord de la Grèce. Il comptait libérer les lieux de l'emprise perse et abolir la piraterie au nord des îles des Sporades.

D'Ikos à Péparéthos

La disposition et la nature de la cargaison permirent de préciser l'itinéraire du navire. La vaisselle athénienne indiquait que ce dernier y avait fait escale. Les bols, originaires d'Italie, ne suffisaient pas à prouver qu'il s'y était rendu, car ils avaient très bien pu avoir été entreposés à Athènes puis embarqués sur le navire. Comme ils étaient disposés dans la rangée inférieure de la cargaison, on peut supposer qu'Athènes avait été son premier port d'escale. Au-dessus des bols se trouvaient les amphores de Mende, puis, encore au-dessus, celles de Péparéthos : après avoir quitté Athènes, le navire avait donc fait escale dans ces deux sites. Il avait dû ensuite faire route vers Ikos, qui constituait sans doute son port d'attache.

Une cargaison trop lourde ?

Comme pour toute épave, les archéologues se posèrent la question des raisons du naufrage : la mer était calme autour d'Alonnesos, et les côtes de l'île ne présentaient aucun danger. L'idée d'un accident naturel fut vite écartée.

Alors pourquoi le navire avait-il sombré ? L'analyse des bols indiquait la présence de charbon, ce qui laissait entendre que le navire avait brûlé : le feu aurait alors entraîné son naufrage…

Les Spartiates étaient-ils responsables de l'incendie ? Entre 420 et 400 av. J.-C., date de l'accident, la guerre du Péloponnèse faisait rage. On savait que Sparte s'était attaquée aux villes du nord de la mer Égée, à Mende en particulier, mais aucune source littéraire n'indiquait qu'elle s'en était prise aux îles des Sporades…

S'agissait-il alors d'une attaque de pirates ? Là encore, il fallut être prudent : si leurs assauts avaient de tout temps émaillé l'histoire maritime, on savait que les pirates avaient surtout sévi dans les Sporades lorsque la flotte athénienne n'était plus assez puissante pour protéger les mers, soit à partir du milieu du IVe siècle av. J.-C.

Le navire avait peut-être simplement coulé à cause d'une cargaison trop lourde. En effet, cette épave représentait le premier témoin d'une capacité de chargement, exceptionnelle à cette époque, de 120 tonnes. Il était toujours tentant de surcharger son navire lorsqu'on visait la rentabilité…

Maîtres de la mer

L'évolution de la céramique au cours des siècles

Si les vases grecs sont avant tout des objets utilitaires, d'usage quotidien, il n'en reste pas moins que jusqu'à l'époque classique, la céramique témoigne d'incessantes recherches esthétiques qui en font un objet artistique. Car pour l'artisan grec – au sens le plus large – il n'y a pas de frontière véritable entre l'utile et le beau ; pas plus qu'il n'y a en Grèce, jusqu'au Ve siècle, de séparation franche entre l'art et l'artisanat. Ainsi, même les poteries les plus simples sont rarement dépourvues de valeur artistique. Comme elles nous sont parvenues en quantité notable et qu'elles présentent une diversité remarquable de formes, de styles et d'ornements, ces pièces ont permis aux chercheurs d'établir une chronologie fiable et précise de la production céramique. Ce corpus, en retour, aide les archéologues à mieux cerner les sites grecs antiques qu'ils explorent, rarement exempts de poteries.

Les lieux de naufrage, précisément, abondent en céramiques : parce qu'elles constituaient l'essentiel des cargaisons marchandes, il n'est pas une épave qui ne présente, au repérage, un monceau de vases enseveli sous le sable ou sous un épais tapis d'algues. Reste alors à les étudier et à reconstituer, grâce à eux, l'histoire de ces navires naufragés…

Poteries crétoises et mycéniennes

À partir du IIe millénaire et jusqu'en 1400 av. J.-C., la céramique du continent s'aligne sur l'esthétique minoenne : celle-ci, largement fondée sur la polychromie, se révélera pleinement entre les XVIIe et XVe siècles av. J.-C. Bien avant cet âge d'or de la Crète, les artistes minoens ont affiché un goût prononcé pour les décors chatoyants : les céramiques « flammées » du IIIe millénaire reposaient sur un jeu de taches aux teintes vives et subtiles, allant de l'ocre jaune au rouge foncé. Cette tendance se poursuit après le Minoen moyen III, soit à partir de 1750 av. J.-C., où apparaissent les célèbres vases dits de Camarès, du nom d'une grotte en Crète centrale. La décoration repose sur des oppositions de couleurs : sur le fond sombre du vase se détachaient des motifs de teinte blanche, jaune, orange ou rouge, abstraits et figuratifs. Les premiers comprenaient des spirales, des entrelacs, des chevrons. Les seconds comprenaient des décors végétaux et marins, notamment les coquillages, les algues et les poulpes dont les courbes s'adaptaient à celles des supports produisant un bel effet d'harmonie et de mouvement.

Jarre à étrier, en terre cuite, à décor de serpentin. Ce vase, datant de la Minoen récent III, entre le XIVe et le XIIIe siècle av. J.-C. fut découvert en Syrie, à Minet el-Beida.

© photo RMN : Franck Raux

Il arrivait cependant que l'artiste renonçait au décor peint pour s'inspirer des modèles métalliques en or, en argent ou en bronze : il réalisait alors des vases à fond noir éclatant dont le poli de surface et les reflets bleutés et violacés évoquaient le métal. Sur le plan technique, l'apparition du tour à rotation rapide permit de produire des vases aux parois d'une extrême finesse et dotés de formes plus élégantes et élancées qu'autrefois.

À partir du Minoen récent II, vers 1450 av. J.-C., cette céramique vivante et mouvementée fit place à des vases plus sobres et moins colorés : seuls le brun ou le noir du vernis se détachaient sur le fond clair de l'argile. Les motifs, s'ils étaient toujours naturalistes, étaient traités avec plus de raideur et de discipline : les tentacules perdaient de leur souplesse, les feuilles étaient placées symétriquement autour des tiges, etc. C'est que la Crète avait cessé de jouer son rôle de moteur dans le monde égéen : ce fut elle désormais qui subissait les influences du continent où s'étaient établis les Mycéniens.

II. Thalassa, la mer des Grecs

L'époque Helladique récente, à partir de 1 400 av. J.-C., est celle de la rigueur et de la schématisation : les décors d'inspiration marine ou végétale sont de plus en plus stylisés et prennent place dans des cadres délimités par des lignes horizontales et verticales. Dans quelques rares ateliers, le décor évolue vers la représentation de figures animales (chèvres, taureaux, oiseaux) et même humaines : celles-ci sont alors traitées avec raideur, en silhouette opaque et sans adjonction de couleur.

L'époque Helladique récente III C, à partir de 1 200 av. J.-C., marquée par l'invasion dorienne et l'anéantissement de la civilisation mycénienne, voit la décadence et l'appauvrissement des arts : pour les créations céramiques, l'heure est à la réduction des formes et à la simplification extrême des motifs, réduits à des cercles, des rosettes ou des animaux très stylisés. Les poteries du style submycénien (env. 1 150-1 000 av. J.-C.) portent un décor plus réduit encore, fait de lignes ondulées et de cercles tracés maladroitement à la main, préfigurant, par certains côtés, le style géométrique.

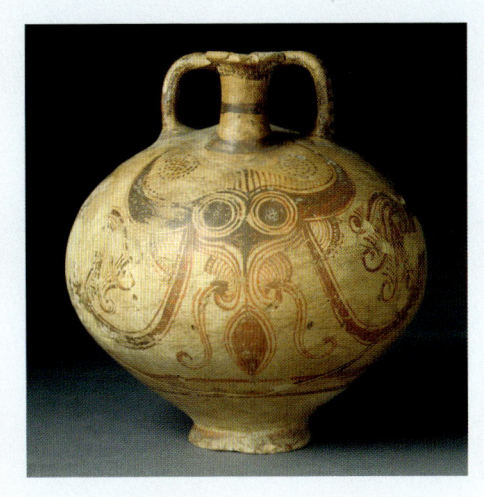

Vase à étrier décoré d'une pieuvre, terre cuite peinte, 1200-1100 av J.-C., époque mycénienne Helladique récent III CL.
© photo RMN : H. Lewandowski

La phase géométrique

Pendant une phase dite protogéométrique, qui s'étend jusqu'au Xe siècle, on assiste à une reprise de la qualité du dessin et à une recherche de l'équilibre et de la clarté. Les artisans reprennent les motifs hérités de l'époque précédente, mais les tracent désormais au compas à pinceau fin. Le décor, plus harmonieux, est fait de bandes horizontales superposées, où les zones sombres alternent avec les zones claires. Quelques-unes seulement de ces dernières sont ornées de motifs, peu nombreux mais bien en vue. La forme et la structure des vases deviennent aussi plus équilibrées : aux vases à trois anses de l'époque subjectivement succèdent les amphores à deux anses symétriques, qui séparent la surface du vase en deux et délimitent ainsi l'espace pictural. Au IXe siècle, pendant la période proprement géométrique, dominée par l'austérité et l'élégance, le décor s'enrichit de nouveaux motifs : au cercle et au demi-cercle s'ajoutent la ligne droite et brisée, le chevron, la croix gammée, le losange et le méandre, qui deviendra, sous le nom révélateur de « grec », le signe de l'art hellénique par excellence. C'est à cette époque aussi que les formes des vases traditionnels, en particulier les amphores, les hydries, les cratères, les coupes à boire et les pyxides, se fixent de manière presque définitive.

Détail de l'œnochoé ci-contre : deux lutteurs.
© photo RMN : H. Lewandowski

Œnochoé géométrique datant du Géométrique récent, env. 715-700 av. J.-C., provenant de Thèbes.
© photo RMN : H. Lewandowski

Quelques vases raffinés voient le jour, comme l'*œnochoé*, cruche à vin à embouchure trilobée.

À partir du Géométrique ancien, vers 850, l'ensemble du vase se couvre d'ornements : le décor est toujours réparti en zones claires et sombres,

115

mais les bandes décorées sont plus nombreuses et plus chargées. On assiste peu à peu au retour des représentations figurées, notamment à Athènes, mais selon les thèmes choisis, le traitement et l'esprit, celles-ci diffèrent totalement des représentations minoennes et mycéniennes. Les vases montrent des pleureuses et des guerriers, des scènes de funérailles avec l'exposition du mort et le convoi funèbre, des défilés de chars, des combats navals. Les figures se détachent sur un fond comportant de petits ornements isolés ; elles sont raides et traitées de manière schématique : la tête est un cercle, le corps est un triangle, les membres sont filiformes, les bras des pleureuses forment des trapèzes. Dans ces dessins stylisés, qui suggèrent plus qu'ils ne représentent, aucun détail, s'il n'est pas révélateur, ne vient troubler l'harmonie de la composition. Le style est sec, épuré : le décor n'est plus employé aux seules fins ornementales ; il doit aussi, et c'est une nouveauté, signifier un événement.

Cratère-pyxis attique, datant du Géométrique moyen, vers 800 av. J.-C. On remarque des motifs géométriques et des animaux.

© photo RMN : H. Lewandowski

Au Géométrique récent, entre 750 et 700, la tendance est à la surcharge du décor et à la multiplication des zones ornées : la composition perd ainsi de sa rigueur et de sa simplicité. Dans l'introduction de scènes narratives (chasses, luttes armées, scènes d'inspiration mythologique), on note aussi un début d'observation réaliste et un souci du détail qui s'accordent toutefois mal avec l'esprit géométrique et son langage, suggestif et non descriptif. Cette période annonce donc le déclin du style géométrique, qui ne perdurera après le VIIe siècle que dans un nombre limité d'ateliers, et prépare le grand courant « réaliste » de l'ère archaïque.

Le haut archaïsme et la phase orientalisante

Au VIIe siècle la Grèce entre dans une phase de créativité bouillonnante qu'elle doit en grande partie aux pays orientaux, avec lesquels elle a repris les échanges. S'inspirant des créations du Levant et de l'Égypte, les artistes grecs renoncent à l'austérité et plongent dans un univers fantaisiste et non humain. Les motifs curvilignes de palmettes, de rosaces et de frises de lotus remplacent les motifs linéaires du Géométrique ; les vases, en général polychromes, s'ornent d'une faune orientale (panthères, lions, etc.), de créatures fantastiques (chevaux ailés, sphinx, griffons) et de plantes exotiques. La décoration figurée commence à se remplir de détails, que l'on souligne désormais par des incisions gravées au moyen d'un burin. À l'Orient, les Grecs empruntent aussi de nouveaux types de vases, comme les fioles à parfum – aryballes et alabastres – que les ateliers corinthiens notamment se mettent à produire en série.

L'Archaïsme ancien et récent ou l'âge d'or de la céramique

Le goût pour les motifs orientaux persiste jusqu'à la moitié du VIe siècle, lorsque les artistes grecs abandonnent les figures animales ou monstrueuses pour se concentrer exclusivement sur la figure humaine. Les scènes représentées sont des scènes de genre (banquets, danses rituelles, départs pour la guerre) ou des scènes épiques où prédominent quelques héros comme Thésée et Héraclès. Le dessin, d'abord gauche et un peu raide, se fait peu à peu plus habile et les mouvements finissent par acquérir plus de naturel et de liberté. C'est également au début du VIe siècle que triomphe la technique dite de la figure noire : sur le fond rougeâtre de

Cruche anthropomorphe *impasto* à décor géométrique, datant de 710-670 av J.-C., de la période orientalisante, trouvée en Étrurie.

© photo RMN : H. Lewandowski

II. Thalassa, la mer des Grecs

la terre cuite se détachent des silhouettes noires, complétées de détails incisés et de rehauts pourpres ou blancs. La forme des vases évolue également : en Attique par exemple, la vasque des amphores à panse se fait plus rebondie et un nouveau type d'amphore à col, très large et pourvue d'anses à bâtonnets, voit le jour.

Vers 530, se produit une révolution décisive dans l'art de la céramique : l'invention de la technique de la figure rouge, qui permet aux artistes une complète liberté d'expression, inaugure l'âge d'or de la céramique grecque qui se poursuivra jusqu'en 480. Les figures sont désormais réservées sur le fond clair de l'argile et se détachent sur la surface noire vernissée du vase. La clarté du fond offre au peintre la possibilité de travailler tous les détails du corps humain. Après avoir esquissé les contours et les grands traits des figures, il les entoure d'une large bande de peinture puis dessine au pinceau très fin les détails du sujet. Il peut nuancer certaines particularités du dessin en employant une peinture plus délayée. Les ateliers athéniens excellent dans cette pratique et l'emportent sur tous les autres. La qualité de leur vernis est aussi largement supérieure : ce dernier acquiert un éclat métallique et une teinte noire profonde tendant au bleu nuit, caractéristiques des poteries athéniennes des VIe et Ve siècles av. J.-C. Quant à la forme des vases, on note que la coupe, souvent ornée d'yeux prophylactiques, connaît un vif succès dans les ateliers helléniques.

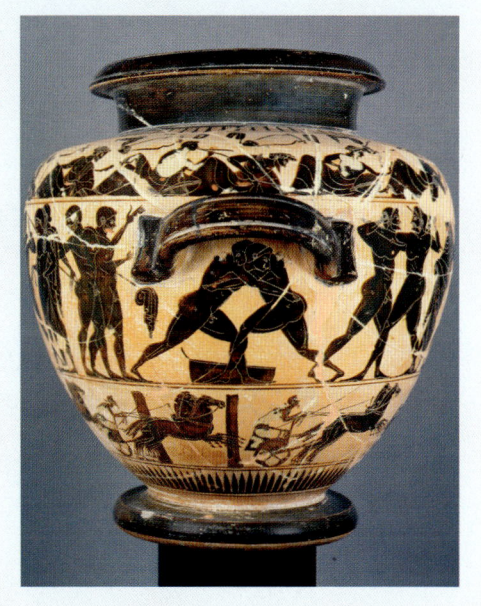

Stamnos à figures noires, datant de 510-500 av. J.-C., Archaïsme ancien et récent. Sur l'épaule : scènes de banquet ; au milieu : lutteurs et boxeurs ; en bas de la panse : course de chars.
© photo RMN : H. Lewandowski

Amphore de type panathénaique à figures rouges, datant de 490-480 av. J.-C.
© photo RMN : Ch. Larrieu

Les époques classique et hellénistique

À l'époque classique, l'art de la céramique commence sa décadence. Si la palette s'enrichit de nouvelles couleurs, en revanche la qualité du dessin baisse et les figures deviennent de plus en plus stéréotypées. C'est l'époque du maniérisme ou « style fleuri » où prédominent les scènes de genre. Pendant la période hellénistique, à la fin du IVe siècle, on assiste à la disparition de la céramique à figure rouge, bientôt suivie de celle du décor figuré. Seuls quelques motifs floraux se détachent sur le fond du vase.

Amphore campanienne représentant Médée tuant son fils, datant de l'époque Hellénistique, vers 340-300 av. J.-C.
© photo RMN : Chuzeville

Les centres de fabrication de céramiques étaient si nombreux dans la Grèce antique qu'il est impossible ici de détailler l'évolution de chacun d'eux. Tous, bien entendu, n'ont pas produit le même type de vase au même moment. Au contraire, les décalages entre les époques et les styles ont été constants : Corinthe fabrique des vases géométriques au VIIe siècle, la Grèce orientale voit subsister le style orientalisant lorsque Athènes a déjà inventé les figures noires, etc. De plus, chaque école a son style et ses types de vase particuliers, qui représentent d'infinies variétés tout au long de l'évolution de la céramique.

Plusieurs petites lampes furent retrouvées sur le site de Tektas Burnu.

© INA

Un *askos* (décanteur) en très bon état de conservation.

© INA

L'épave de Tektas Burnu

Cette épave fut repérée en 1996 par un des bateaux de l'INA, entre les îles grecques de Chios et de Samos, au large de Tektas Burnu, sur la côte ouest de la Turquie. Le navire de Tektas Burnu, comme celui d'Alonnesos, datait de la fin du Ve siècle av. J.-C., l'âge d'or de la Grèce antique.

La première saison de fouille consista surtout à préparer le site, c'est-à-dire à nettoyer, dégager et repérer les artefacts pour reporter ensuite leur emplacement sur les cartes.

Tektas Burnu

Deborah N. Carlson

En 1996, une équipe de l'INA localisa les restes d'une épave grecque datant de l'époque classique, près de la côte égéenne de Turquie, sur le site de Tektas Burnu. Entre 1999 et 2001, une équipe multinationale entreprit trois saisons de fouille sous ma direction et celle de George Bass. Le naufrage de cette épave fut daté entre 440 et 425 av. J.-C., représentant ainsi un témoin inestimable du commerce maritime, à petite échelle, de l'Empire athénien.

L'épave de Tektas Burnu, qui signifie en turc « cap du Rocher solitaire », gisait au sud-ouest de l'ancienne Teos, à l'est de l'île grecque de Chios, sur une côte hostile, accessible uniquement par la mer. Pendant l'été, le site fut exposé aux vents dominants (*meltem*) du nord-ouest, déchaînant la mer et provoquant des tempêtes d'une force extrême. Au Ve siècle av. J.-C., la côte appartenait à l'Ionie, une région fertile de l'Asie Mineure, puis se trouva sous le contrôle successif des Lydiens, des Perses et des Athéniens.

L'épave reposait sur un petit écueil entre 38 et 43 m de profondeur. La bonne visibilité et luminosité ambiante permirent l'emploi d'une nouvelle méthode de cartographie utilisant la photogrammétrie par appareils photographiques numériques pour aboutir à un plan en trois dimensions. Les chercheurs avaient également la possibilité de prendre des mesures traditionnelles, directement sur le site, pour enregistrer rapidement l'origine des artefacts fragiles et à risque.

Le navire était petit et ne mesurait pas plus de 10 m à 12 m de long. La fouille archéologique sous-marine révéla également qu'il possédait une cargaison de vin et de résine de pin. La majorité de son chargement contenait un peu plus de 200 amphores pseudo-samiennes, d'un type non défini mais similaires aux amphores produites à Samos. Une de ces amphores pseudo-samienne portait une estampille, précisant la ville d'Erythrae, près d'Ionie comme son lieu de production. Neuf amphores provenant de Mende furent enduites de résine de pin, encore visqueuse après deux mille cinq cents ans sous les vagues. Des côtes de bœuf furent empaquetées à l'intérieur d'une amphore de Mende et d'une amphore pseudo-samienne. Le reste du chargement se composait de vases en petite quantité provenant de Chios, de Samos, de Troad et du nord de l'Égée.

II. Thalassa, la mer des Grecs

Les poteries de l'épave semblaient avoir été produites localement en Ionie ou à Chios et incluait un assortiment modeste de coupes à boire à deux anses (*kantharoi*), de bols à une anse, de lampes à huile, une amphore de table, un vase, un pichet à eau (*hydria*), et un large décanteur (*askos*).

Les marchandises précieuses étaient curieusement rares, se limitant à un *kantharos* attique signé à vernis noir et deux petits flacons à parfum : un petit *askos* à vernis noir particulièrement raffiné et un alabastre blanc cassé.

Lors de la première saison d'été, les chercheurs découvrirent un disque de marbre blanc, d'approximativement 14 cm de diamètre à l'emplacement le moins profond du site (38 m). Le disque, transpercé d'une pointe en plomb, portait encore les restes de décorations peintes en son extérieur légèrement convexe.

Amphores sur le site de Tektas Burnu, lors de la fouille de 1999.

© INA

Maîtres de la mer

L'été suivant, lorsqu'un second disque identique fut découvert à 1 m du premier, l'équipe fut persuadée d'avoir retrouvé les deux *ophtalmoi*, les yeux du navire. Des vases peints illustraient comment les Grecs les peignaient de chaque côté de la poupe et de la proue, afin de protéger les bateaux du mauvais sort et de l'aider à « voir » son chemin dans les mers houleuses.

Il ne reste pratiquement rien de la coque du navire, à part une collection diverse de fermoirs en plomb et en cuivre. Quatorze barres de plomb furent trouvées, éparpillées autour de l'épave, représentant les restes de cinq ancres individuelles. Ces barres de plomb étaient originairement placées au centre des jas en bois pour lester les ancres. Plus précisément, les marins versaient du plomb fondu dans un jas en bois pour les rendre plus pesantes. Des petits fragments de bois étaient encore attachés à un des centres en plomb. Des analyses ultérieures précisèrent que c'étaient les restes d'un orme en bois.

Le premier *ophtalmos* découvert. Les *ophtalmoi* étaient les « yeux » des navires grecs.

© INA

120

II. Thalassa, la mer des Grecs

Des *chytrai*, ou pots d'argile, trouvés sur le site de Tektas Burnu.
© INA

Pendant les ultimes semaines de la dernière saison de fouille, les archéologues localisèrent les restes en plomb de la cinquième ancre sous 1 m de sable, dans 55 m d'eau, à la base du récif sur lequel l'épave s'était échouée. L'emplacement de cette ancre amena les archéologues à proposer une explication plausible du naufrage : lorsque les marins essayèrent dans une première (mais futile) tentative de dégager leur navire prisonnier des nombreux rochers de la côte, l'ancre aurait été projetée à cet endroit.

À l'époque où ce petit navire marchand local s'échouait à Tektas Burnu, Athènes était l'épicentre culturel du monde grec ; d'ailleurs, de nombreuses descriptions d'auteurs et dramaturges anciens détaillaient l'entrée de matériaux bruts et objets luxueux dans le port du Pirée, à Athènes. Les indices retrouvés sur l'épave de Tektas Burnu confirmaient l'existence d'un commerce régional en dehors d'Athènes, effectué par de petits bateaux naviguant sur de courtes distances dans diverses cités côtières. L'historien William Murray décrivit le navire de Tektas Burnu comme l'ancien équivalent d'un camion Fed-Ex.

La fouille de l'épave de Tektas Burnu était financée par l'INA, l'University A&M de Texas, le National Geographic Society, le National Endowment for the Humanities, et Turkish Airlines.

Jarres et poteries découvertes lors de la fouille archéologique sous-marine du navire Kyrenia : les poteries coniques se trouvent sur les fragments de la coque datant d'environ 300 av. J.-C.

© James Davis, Eye Ubiquitous / CORBIS

Le navire de Kyrenia (Cyrène)

Ce navire du IVe siècle av. J.-C. fut découvert en 1967 par Andreas Cariolou, un plongeur chypriote, à 30 m de fond. Alerté, l'archéologue Michael Katzev de l'University of Pennsylvania décida de lancer en 1968 une fouille du site.

Les premières étapes furent consacrées au nettoyage du site, c'est-à-dire à dégager les artefacts ou morceaux coincés, grâce à l'aspirateur à sédiments, instrument indispensable à la fouille sous-marine. Bien maîtrisée, cette technique permettait de dégager sans difficulté des objets minuscules et fragiles sans les détériorer. La deuxième étape consistait à dresser un plan général. Pour ce faire, les plongeurs devaient systématiquement relever la position, en latitude et longitude, l'orientation et l'inclinaison de chaque objet trouvé au fond de l'eau. Un carroyage fut aussi mis en place pour finaliser le plan du site. À ce stade de la fouille, les archéologues obtenaient déjà une vision plus précise de leur cible.

Le navire de Kyrenia contenait 404 amphores, presque intactes. Dix variétés de jarres furent mises au jour ainsi que des meules et des amandes. La diversité de la cargaison illustrait d'ailleurs celle des marchandises embarquées à l'époque classique.

Les archéologues découvrirent ensuite la coque du bateau, qui mesurait 14,75 m de long et 3,4 m de large. La Méditerranée regorge d'épaves anciennes, mais très peu présentent encore leur charpente de bois. Celle de Kyrenia se trouvait au contraire dans un état de conservation surprenant, représentant ainsi une découverte exceptionnelle. Les trois-quarts de sa coque étaient encore bien conservés, grâce à la couche protectrice du sable qui la recouvrait.

L'étape suivante consistait à sortir ces précieuses découvertes de ce qui était devenu leur milieu « naturel » pendant près de deux mille ans. Les premières à sortir furent les amphores et autres artefacts, qui étaient tout de suite protégés, nettoyés et plongés dans des bacs de désalinisation. Les chercheurs désirèrent soulever la totalité du navire, dont les restes cependant ne formaient plus une masse solide : le bois avait en effet absorbé presque 75 % de sa masse en eau. Il était donc impossible de le sortir sans endommager sa structure. Les archéologues décidèrent ainsi de démonter la membrure du navire par sciage pneumatique et de sortir la coque en entier. La coque fut séchée méthodiquement puis injectée d'un type spécial de résine chimique destinée à sa préservation, mise au point par Ms Francis Talbot-Vasiliadou.

Une cargaison très variée

La majorité des 404 amphores avaient été fabriquées à Rhodes au IVe siècle av. J.-C. Il s'agissait d'amphores vinaires : le vin de Rhodes était à cette époque largement distribué dans tout le monde grec. D'autres amphores dont certaines portaient des estampilles sur les anses provenaient de l'île de Samos et de Chypre. Trente-quatre seulement étaient signées des lettres « API », sûrement les initiales du fabricant. Les huit autres types de jarres étaient assez peu représentés : elles devaient contenir des vivres pour l'équipage ou des marchandises rares.

La cargaison comprenait également des milliers d'amandes, retrouvées entassées en différents endroits du navire et 29 meules en pierre disposées sous la rangée inférieure des amphores, qui devaient simplement servir de lest. Sept pièces de monnaies en bronze furent retrouvées et analysées. L'une d'entre elles représentait sur une face un bouclier décoré d'une tête de lion et sur l'autre, un casque macédonien. Elle avait été fondue durant le règne d'Antigonos Monophthalmos entre 316 et 310 av. J.-C. Une autre montrait un casque sur une face et sur l'autre la proue d'un navire et datait du règne de Dimitrios Poliorkitis, fils d'Antigonos, entre 306 et 294 av. J.-C.

Le contenu du chargement suggérait l'itinéraire du navire : il avait sillonné la mer Égée et avait fait escale dans diverses îles du Dodécanèse : les amphores provenaient de Rhodes, les meules, de l'île de Nissyros, et les amandes de Chypre.

Navigation sur un modèle de l'ancien navire grec de Kyrenia.

© Jonathan Blair / CORBIS

Maîtres de la mer

Grâce à d'autres trouvailles, il fut possible de reconstituer la vie quotidienne de l'équipage : des petites poteries retrouvées sur l'avant et sur l'arrière de la cargaison principale indiquaient qu'il existait deux compartiments séparés de chaque côté du navire. Des tasses furent découvertes à l'avant, tendant à montrer que les provisions d'eau potable s'y trouvaient également. Les ustensiles de cuisine et la vaisselle se trouvaient à l'arrière : il s'agissait d'assiettes noires vernissées, de bols, de cuillères en bois, de coupes, de salières et de pichets à huile. Ces ustensiles, tous en quatre exemplaires, démontraient qu'il y avait au moins quatre marins à bord au moment du naufrage.

En revanche, on ne retrouva aucun réchaud ni aucun appareil de cuisson. Les archéologues en déduisirent que l'équipage se restaurait à terre après avoir allumé un feu sur la plage. L'équipe mit au jour des plombs utilisés pour des filets de pêche : les navigateurs devaient donc pêcher le jour. On ne retrouva qu'un fragment de lampe en terre cuite : il semblerait donc que le bateau ne naviguait pas la nuit.

La construction du navire

Le navire était construit selon les procédés usuels de l'époque, c'est-à-dire « coque la première ». Son planchéiage extérieur était construit à partir de la coque, puis venait la charpente, assemblée par des pointes en cuivre. Celle-ci portait un doublage de plomb fixé avec des clous de cuivre et destiné à protéger le bois des vers marins. Les Grecs employèrent ce système de protection dès le

L'architecte marin Richard Steffy inspecte la coque du navire de Kyrenia.
© Jonathan Blair / CORBIS

La reconstitution de l'épave de Kyrenia.

© Jonathan Blair / CORBIS

Ve siècle av. J.-C. Les feuilles de plomb et les maillets de charpentier retrouvés sur l'épave devaient servir à réparer cette enveloppe en cas de nécessité.

À proximité de l'étrave, en partie détruite, les plongeurs retrouvèrent une emplanture de mât. Celui-ci étant placé tout près de la proue, il était probable, pour des raisons d'équilibre, qu'un autre mât avait été fixé à l'arrière. La voile ne traversait donc pas le bateau dans sa largeur, mais le parcourait dans le sens de la longueur. La dimension de la voile était estimée à 64 m². Avant la découverte du navire de Kyrenia, on pensait que ce type de gréement remontait seulement au IIe siècle av. J.-C. ; or, l'analyse du bois du navire au carbone 14 montrait qu'il avait été construit aux alentours de 388 av. J.-C. plus ou moins quarante-quatre années. L'invention n'était donc pas postérieure au IVe siècle.

Le naufrage : le grand âge du navire ou une attaque de pirates?

L'équipe de la mission archéologique imputa d'abord le naufrage au mauvais état du navire. L'analyse des amandes au carbone 14 indiquait effectivement qu'elles avaient été récoltées en 288 av. J.-C., considérant une marge d'erreur de soixante-deux années. Le navire avait donc près de cent ans lorsqu'il sombra. Il avait en outre dû subir de nombreuses réparations, comme l'attestait l'état de sa charpente. Une mer agitée aurait donc suffi à le briser en deux.

Mais la suite des analyses conduisit les archéologues à réviser leur jugement: ils découvrirent des lances de fer sous la coque et d'autres enfoncées sur le côté du navire.

Des pirates auraient donc attaqué le bateau. À l'époque, la côte de Kyrenia était parsemée de petites criques à peine visibles depuis le large : les pirates y cachaient leurs bateaux et se précipitaient sur les navires marchands pour piller leur cargaison et emprisonner les voyageurs.

Cela pourrait expliquer la disparition de l'équipage et de leurs effets : les pirates auraient emmené les hommes pour les vendre ensuite aux marchés aux esclaves. Ils auraient emporté les objets de valeur et l'argent et planté des coups d'épée dans le navire : les preuves d'une attaque disparaissaient ainsi avec le navire…

Un modèle unique

L'épave de Kyrenia est une telle découverte que les archéologues envisagèrent en 1982 de reconstruire une réplique exacte du navire en utilisant les mêmes méthodes de construction. Ce projet fut entrepris par Michael Katzev, en collaboration avec l'INA dont il est un des fondateur, ainsi que l'équipe de l'HIPNT (Hellenic Institute for the Preservation of Nautical Tradition) sous la direction d'Harry Tzallas, et le professeur J. Richard Steffy, membre du département archéologique de l'UNESCO. Il s'agissait de construire une réplique capable de naviguer sur les eaux grecques, tout comme l'originale.

Cette idée ambitieuse nécessita trois années de travaux acharnés pour que la réplique, baptisée Kyrenia II, devienne réalité. La plus grande difficulté reposait sur la méthode de construction du navire, inutilisée depuis des siècles.

Heureusement, les fouilles archéologiques du site avaient donné assez de résultats précis pour permettre cette reconstruction. L'équipe reprit rigoureusement les mêmes méthodes employées deux millénaires auparavant : du clou au bois, des outils à la peinture, de la coque au mât, absolument tout avait été copié exactement à l'identique. Suivant la tradition grecque antique, deux yeux bleus surveillant la mer furent peints de chaque côté du bateau.

Le lancement du Kyrenia II eut lieu le 22 juin 1985. En septembre 1986, Kyrenia II partit de Mikrolomano, à Pirée, pour arriver à Paphos, en Chypre, parcourant une distance de 827 km en moins d'un mois. La vitesse et les capacités de ce navire sont tout à fait remarquables. D'autres projets sont d'ailleurs en cours pour ce navire ; il est ainsi prévu que Kyrenia II transporte du cuivre de Chypre en Grèce lors des Jeux olympiques d'Athènes en 2004, symbolisant la contribution de Chypre à cet événement.

Antikythera : navire romain, cargaison grecque

À la fin du Ier siècle av. J.-C., un navire marchand romain coula au large de l'île d'Anticythère, au sud de la Grèce. Repéré par des pêcheurs d'éponges, il fut l'objet d'une des premières campagnes d'archéologie sous-marine du gouvernement grec en 1900. La cargaison, d'une richesse extraordinaire, fit de la mission un véritable succès… d'autant que parmi ces trouvailles se glissait un objet étonnant, composé de rouages en métal.

En cet été 1900, le capitaine Kondos, commandant un navire de pêcheurs d'éponges, vit l'un de ses plongeurs remonter précipitamment à bord, visiblement pris de panique. Elias Stadiados jurait avoir vu, au fond de l'eau, un monceau de cadavres de femmes nues. Le capitaine Kondos comprit vite qu'il s'agissait de statues antiques. Il connaissait bien ces histoires que l'on se racontait entre pêcheurs d'éponges. Lorsqu'une épave était repérée, on se gardait bien d'en avertir les autorités. Il était d'usage de piller les cargaisons et de revendre tout ce qui pouvait avoir de la valeur. D'ailleurs, à Simi, le petit village natal des plongeurs, plusieurs rumeurs circulaient sur la vente de petites statuettes en bronze à Alexandrie. Kondos décida au contraire de prévenir le gouvernement qui accepta de lui louer son bateau et ses plongeurs pour mener à bien la fouille de l'épave.

Les délicats débuts de l'archéologie sous-marine

Le fait que les autorités grecques aient pris conscience, il y a un siècle, des vastes possibilités de ce qu'on n'appelait pas encore l'archéologie sous-marine, fait largement pardonner les conditions sommaires de cette fouille.

Il ne fut pas question de repérage, de photographie ni de relevé de plan avant de passer à la remontée des objets. Aucune protection des artefacts contre leur exposition à l'air libre ne fut non plus envisagée. Si beaucoup d'objets furent perdus avant d'avoir été étudiés par les archéologues, ce qui restait suffit à les combler : des statues en bronze, diverses reproductions de statues en marbre, des bijoux, des pièces de monnaies, des jarres et de la vaisselle firent l'objet d'un examen approfondi.

Tous les artefacts et autres découvertes furent transportés au musée national de Grèce. Les plongeurs avaient à subir des conditions extrêmement difficiles, risquant à tout moment leur vie. Deux plongeurs se retrouvèrent d'ailleurs paralysés et un autre trouva la mort.

Lorsque vint l'hiver et ses intempéries, l'équipe était prête à partir, enchantée de leur découverte et épuisée de leur effort. Ils avaient aussi retrouvé des petits fragments de bois, provenant certainement de la coque du navire. Il fallut, cependant, attendre la visite du capitaine Jacques-Yves Cousteau et son équipe, en 1953, pour retrouver la coque. Grâce à des équipements plus modernes, les plongeurs localisèrent la coque du bateau, enfouie sous 40 cm de sable.

Cousteau et son équipe lancèrent une autre fouille archéologique du site en 1976 et y découvrirent des pièces de monnaie de Pergamene datant entre 88 et 86 av. J.-C.

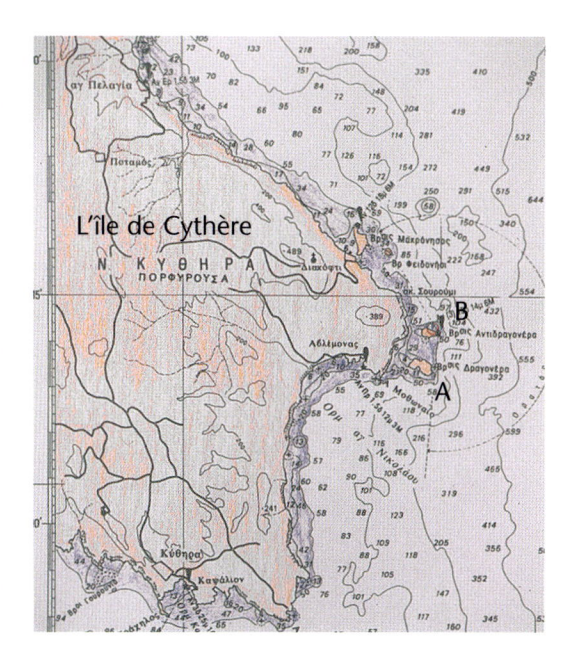

Carte de l'île de Cythère, avec les îlots de Dragonera (A) et d'Antidragonera (B), site d'une épave datant du IVe siècle av. J.-C. L'île d'Anticythère est à 38 km au sud-est.

© HIMA

Maîtres de la mer

L'épave d'Antidragonera
Dimitris Kourkoumelis, docteur en Archéologie

En 1993, l'institut hellénique des recherches archéologiques sous-marines, ou HIMA (Hellenic Institute of Marine Archaeology) a entrepris, sous la direction du signataire de ces lignes, une recherche sous-marine sur les côtes sud-est de l'île de Cythère. Pendant ces recherches, et sur la côte nord de l'îlot d'Antidragonera, ont été localisées neuf ancres pyramidales en pierre, semblables à celles découvertes dans le port de Passalimani, au Pirée et aux épaves de la Madonnina et d'Ognina 4.

La fouille de l'épave, incluse dans le programme des recherches de l'HIMA, a commencé en 1994 et a abouti en l'an 2000.

Ces ancres localisées dans la petite baie au nord d'Antidragonera, sont réparties en deux groupes. Le premier regroupant quatre ancres, les moins volumineuses, a été découvert au fond de la baie à faible profondeur (9 m), et vraisemblablement elles ont été utilisées par l'équipage afin de stabiliser le navire, au fond de la baie, pour se protéger du mauvais temps.

Le deuxième groupe de cinq ancres, les plus volumineuses, se trouvait 150 m plus loin vers le cap nord-est de l'îlot. Parmi ces ancres, quatre ont été remontées à la surface. Grâce à la fouille entreprise sous ses ancres, et à la

Les ancres pyramidales en pierre *in situ*.
© HIMA

II. Thalassa, la mer des Grecs

Des céramiques et des clous en bronze provenant de l'épave d'Antidragonera.

© HIMA

découverte de céramiques, il semble que l'emplacement de l'épave se situe bien à cet endroit. La céramique découverte à cet endroit, pendant la fouille, ne semble pas faire partie de la cargaison principale du navire. Elle se compose principalement d'objets d'utilisation quotidienne, comme des plats, lampes, *lekanides*, vases à verser, mortiers, bols, etc., de quelques amphores de transport et d'un grand *pithos*.

De même certains objets en plomb ont été découverts, qui appartenaient probablement à l'accastillage du navire, et au moins trois clous en bronze provenant probablement de la coque du navire. L'ensemble des objets découverts permet de dater l'épave à la fin du IVe siècle av. J.-C.

L'étude et la publication du matériel de l'épave d'Antidragonera sont en cours, mais certaines conclusions peuvent déjà être avancées. Il faut noter la grande ressemblance de l'épave d'Antidragonera, avec les épaves de la Madonnina et d'Ognina 4 : les quelques amphores de transport et *pithoi* ne peuvent en aucun cas correspondre à la cargaison habituelle des navires de commerce, ainsi que la céramique commune trouvée, et ne pouvaient être destinées au commerce. Il est donc fort probable que ces navires, s'ils étaient destinés au commerce, transportaient des denrées périssables.

Encore faut-il noter que l'hypothèse avancée par certains chercheurs, selon laquelle ces ancres « archaïques » par leur type, trouvées sur les trois épaves, étaient utilisées par les navires militaires, ne peut être confirmée avec certitude, car à cette époque, ils utilisaient les ancres à jas. Enfin, il faut noter que ces trois épaves datent de la même époque, c'est-à-dire la deuxième moitié du IVe siècle av. J.-C.

Maîtres de la mer

Les restes du mécanisme d'Antikythera. C'est grâce à ces petits fragments que des grandes théories ont pu être proposées.

© National Archaeological Museum, Athènes

Comment identifier le mystérieux instrument ?

On ne remarqua pas immédiatement les quatre fragments d'un étrange objet en bronze reposant dans une boîte en bois. Le tout fut rapporté à Athènes et stocké dans les réserves du musée avant même que l'on commençât à s'y intéresser. On crut d'abord qu'il s'agissait d'un astrolabe, instrument de navigation dont la date d'origine demeure encore incertaine. Les spécialistes à cette époque réfutèrent cette hypothèse : si les Grecs avaient techniquement pu fabriquer un tel objet, celui-ci n'en était certainement pas un.

En 1951, un historien des sciences de l'University of Yale, Derek de Solla Price, se lança dans l'étude de cet instrument. Cela l'occupa jusqu'en 1974. Ses recherches l'amenèrent à comparer l'instrument à une horloge antique. Il fit analyser le bronze de l'objet par rayons gamma en 1971. Les radiographies firent apparaître son agencement d'origine. Après reconstitution, il obtint un ensemble composé de pas moins de 30 rouages dont les mouvements simultanés permettaient d'indiquer l'emplacement du Soleil et de la Lune pour les associer aux divers signes du zodiaque, selon un jour donné du calendrier.

Toutefois, une nouvelle analyse suggéra que ce mécanisme fût plus perfectionné que Price ne le pensait, renforçant cependant sa théorie sur les techniques complexes de la Grèce antique. Michael Wright, conservateur d'ingénierie mécanique au Science Museum, à Londres, utilisa la tomographie linéaire.

Cette méthode, combinée à la collaboration d'Allan Bromley, scientifique et spécialiste d'ordinateurs à l'University of Sydney, permit la découverte de la position exacte de chaque rouage, démentant ainsi certains aspects de la théorie de Price. Ce dernier, selon Wright, n'avait pas été assez exact et précis dans ses recherches et avait conclu trop rapidement certains faits. Il est vrai qu'il ne restait seulement que quelques fragments du mécanisme, rendant toutes conclusions scientifiques délicates par leurs imprécisions.

Wright aperçut une autre partie du mécanisme au centre de la roue principale. Il conclut que ce rouage, ignoré par Price, était central et fixe, et qu'il devait permettre aux autres rouages de tourner autour, dans un mouvement « épicycloïdal ». Les Grecs croyaient en un univers centré autour de la Terre, certains affirmaient qu'il contenait plusieurs sphères célestes, chacune se déplaçant en cercle autour d'un point tournant lui-même autour de la Terre, décrivant un mouvement épicycloïdal. L'analyse de Wright démontra ainsi que le mécanisme d'Antikythera était épicycloïde, utilisant les théories solaires d'Hipparchus, et la simple théorie épicycloïdale pour les planètes Mercure et Vénus.

Wright s'appuya effectivement sur plusieurs textes anciens pour confirmer sa thèse. Cicéron, contemporain de l'époque du naufrage, et Archimède, avaient mentionné des appareils similaires dans leurs textes, qui reproduisaient le mouvement du Soleil, de la Lune et des cinq autres planètes.

Les historiens n'avaient jamais su s'ils devaient prendre à la lettre les descriptions faites par ces auteurs. Aujourd'hui, les conclusions de Michael Wright leur ouvrent des possibilités. L'hypothèse de Wright assure donc que ce mécanisme était capable de prédire les positions de la Lune, du Soleil et des cinq autres planètes, en relation avec les signes du zodiaque à n'importe quelle date donnée. Ce mécanisme, d'une précision surprenante, utilisait des aiguilles en bronze sur un cadran circulaire avec, à ses extrémités, les constellations du zodiaque. Wright est actuellement en train de finir la reconstruction précise du mécanisme d'Antikythera selon ses théories.

Aucune théorie ne pourra être totalement démontrée, en raison du manque de preuves tangibles ; n'oublions pas que tout ce qui reste de cet extraordinaire mécanisme ne se résume qu'à des petits fragments. Cependant, il est vrai que la technologie d'aujourd'hui permet des avancées uniques en ce genre. Il faut donc espérer avoir plus d'informations dans le futur. Peut-être la découverte d'autres mécanismes de la même époque ?

Fabriqué à Rhodes ?

Il restait à déterminer qui, en Grèce, avait bien pu construire un pareil instrument. Le contexte dans lequel l'objet fut trouvé amena Price à déterminer la date de construction de l'objet : 87 av. J.-C. Les amphores de la cargaison provenaient de l'île de Rhodes. Or, à cette époque, Rhodes pouvait être considéré comme l'un des centres intellectuels et scientifiques les plus avancés du monde antique. De plus, sa flotte était l'une des plus efficaces et le resterait jusqu'à la domination romaine quarante années plus tard. Les autres artefacts trouvés démontraient néanmoins un autre point d'origine : la Turquie, de nos jours. Il semblerait que les hypothèses diffèrent sur ce sujet, l'instrument pouvant provenir d'un peu partout dans le monde antique grec.

Grâce à un simple pêcheur d'éponges, l'archéologie sous-marine révéla les techniques de navigation extrêmement avancées des Anciens, ouvrant des nouvelles voies dans l'histoire des peuples antiques. Si les Grecs avaient pu fabriquer un appareil de cette précision et de cette complexité, il se peut que d'autres objets ou constructions du même type gisant quelque part sous l'eau, attendent d'être découverts.

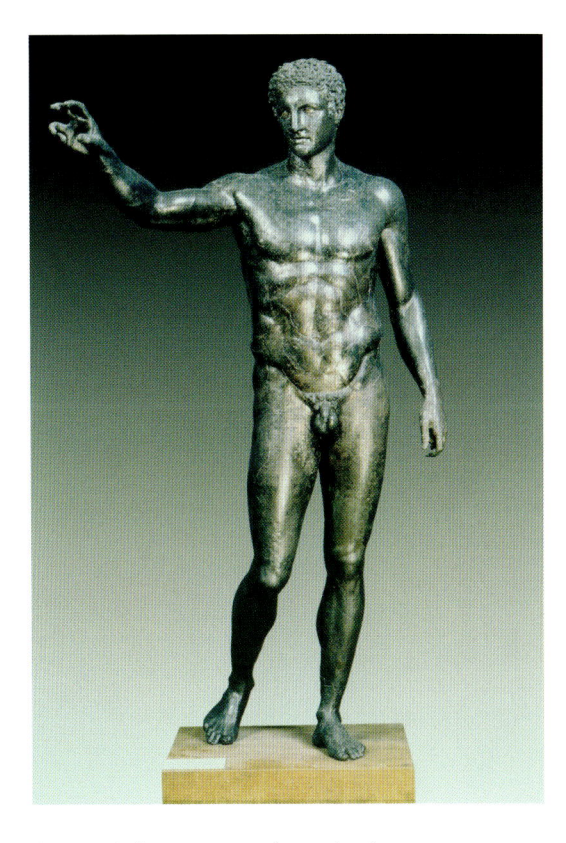

Statue de bronze trouvée sur le site.

© National Archaeological Museum, Athènes

Conclusion

En raison des nombreuses reconstructions romaines qui ont transformé les monuments, que ce soit en Phénicie orientale (côte libanaise) ou occidentale (côtes tunisiennes principalement), les vestiges mis au jour par l'archéologie terrestre ne nous offrent pas toutes les preuves et l'ampleur du génie phénicien.

L'archéologie sous-marine a fort heureusement apporté son concours et a, de ce fait, considérablement élargi le champ de nos connaissances sur ce peuple. Cela n'est toutefois guère surprenant, car nous avons vu, au cours de ce volume, que les Phéniciens se sont particulièrement illustrés en architecture portuaire et dans l'art de la navigation. Il suffit d'évoquer les installations de Tyr, de Sidon et le cothon de Motyé, pour qu'apparaissent l'habileté et l'ingéniosité des Phéniciens et, surtout, leur remarquable avance technique. On ne le dira jamais assez, les méthodes de construction navale des Grecs et des Romains sont directement empruntées aux Phéniciens : que l'on songe aux navires de Marsala et à tous les bateaux marchands évoqués dans ces pages.

A posteriori, les découvertes de l'archéologie sous-marine furent d'un apport moins déterminant pour notre savoir de l'histoire grecque. Il est vrai que nous disposons de toute la littérature grecque pour nous éclairer sur cette civilisation et les fouilles terrestres ont démontré, jusque dans le détail, la géniale évolution architecturale et artistique des Hellènes. Il ne faudrait cependant pas sous-estimer les recherches accomplies grâce aux explorations marines. Celles-ci ont surtout permis de remettre en question certains aspects de l'histoire économique antique, en particulier dans l'étude de la circulation des biens et des marchandises dans le monde égéen, comme le montrent les conclusions tirées à partir des fouilles de Tektas Burnu.

Les découvertes des cargaisons de céramiques et d'amphores ont également comblé des lacunes sur l'artisanat et l'art grecs, de la période minoenne (âge du bronze) à la fin de l'âge classique, en passant par les époques mycénienne et archaïque.

Il reste encore quantité de sites à découvrir et à sonder dans les profondeurs de la Méditerranée et, fort heureusement pour le bonheur des archéologues, des historiens et de tous ceux que l'Antiquité passionne, ils ne manqueront pas d'apporter d'autres éléments à notre compréhension générale des civilisations phéniciennes et grecques.

Glossaire

Achéens : peuple indo-européen venu des régions danubiennes et des steppes russes méridionales. Ils envahirent la Grèce continentale vers la fin de l'âge du bronze, soit vers 1900 av. J.-C.

âge du bronze : diffusion du travail de la métallurgie dans l'Ancien Monde. Il se subdivise en âge du bronze ancien (2500-1600 av. J.-C.), moyen (1600-1300 av. J.-C.) et récent (1300-900 av. J.-C.).

âge du fer : une étape, succédant à l'âge de la pierre ou à celui du bronze, selon les continents, ainsi appelée pour désigner la diffusion de la maîtrise de la métallurgie du fer.

Alexandre le Grand (356-323 av. J.-C.) : fils d'Olympias, princesse d'Épire, et de Philippe II, roi de Macédoine, Alexandre III le Grand reçoit une éducation princière, maîtrise les arts de la guerre et a pour précepteur Aristote. Il sera roi de Macédoine (336-323 av. J.-C.) et continuera les projets d'expansion de son prédécesseur, formant ainsi un empire. Maître de la Grèce, de l'Égypte et de l'Asie, sa renommée est grande. Ses exploits, évoqués par la Bible et le Coran, sa gloire entretenue et célébrée en Orient comme en Occident en font un héros et une figure de légende.

Antigonos Monophthalmos (381-301 av. J.-C.) : surnommé le Borgne, ce lieutenant et successeur d'Alexandre le Grand en Macédoine essaya de poursuivre ses projets d'expansion mais fut vaincu et tué à Ipsos en 301 av. J.-C.

Apollonius (262-190 av. J.-C.) : mathématicien et astronome grec.

apotropaïques : adjectif formé sur *apotropaios* « qui détourne les maux ».

Araméens : populations sémitiques de la Mésopotamie du nord, qui, selon la légende, sont issues d'Aram. Ils fondèrent divers États en Syrie et au Liban au XIIIe siècle av. J.-C. Au VIIIe siècle av. J.-C., leur langue devint la langue parlée dans l'Orient ancien jusqu'à la conquête arabe au VIIe siècle apr. J.-C.

Archimède (env. 287-212 av. J.-C.) : physicien, mathématicien et ingénieur grec. Ses nombreuses et impressionnantes inventions en feront le plus célèbre savant de l'Antiquité.

Aristote (384-322 av. J.-C.) : dit le « stagirite », disciple de Platon, précepteur d'Alexandre le Grand, ce philosophe grec fonda le Lycée, ou école péripatéticienne, et écrivit de nombreuses théories couvrant tout le savoir de l'époque.

Arrien : historien et philosophe grec, il fut le disciple d'Épictète.

Artémis : Dans la mythologie grecque, déesse de la chasse (Diane pour les Romains), fille de Zeus et de Léto, elle est la sœur jumelle d'Apollon.

askoi **(mot grec) :** sorte de pichets plats à goulot latéral.

aspirateur à sédiments : instrument utile à la fouille sous-marine, fonctionnant grâce à l'effet Venturi, obtenu par injection d'eau sous pression dans une tuyère. Il permet de contrôler la matière aspirée avec grande précision.

Baal Hamon : divinité vénérée par différents peuples sémites occidentaux, dont notamment les Cananéens. Baal était surtout associé aux phénomènes atmosphériques dont dépendaient les récoltes.

birème : galère de l'Antiquité à deux rangs de rames.

Calypso : nymphe de la mythologie grecque, reine de l'île d'Ogypie. D'après *L'Odyssée* elle accueillit le naufragé Ulysse et le retint pendant dix ans.

Cananéens : peuples sémites envahissant la Syrie et la Palestine au IIIe millénaire av. J.-C. Ils se maintinrent sur le littoral sous le nom de Phéniciens.

carroyage : quadrillage de la zone fouillée à l'aide de cordes ou de câbles tendus qui servent de repères. Comme il permet d'attribuer à chaque élément une cote de positionnement, les archéologues peuvent ainsi faire des relevés précis.

Charybde : tourbillon marin du détroit de Messine, proche du rocher de Scylla.

choma **(mot grec) :** tout amas de terre, d'où « tertre, tombeau ».

chytra **(mot grec, pluriel *chytrai*) :** vase d'argile, pot de terre, marmite.

Cicéron (106-43 av. J.-C.) : grand homme politique et orateur romain connu essentiellement pour ses discours politiques et ses traités philosophiques.

Cimon (510-449 av. J.-C.) : stratège athénien, chef du parti aristocratique, fils de Miltiade. Il combattit les Perses avec succès et fonda la première confédération athénienne.

Claudius Ptolémée : savant grec de l'école d'Alexandrie. Connu surtout dans le domaine de la géographie et l'astronomie.

cothon : vaste bassin fermé creusé dans le littoral et relié à la mer par un chenal.

cratère : grand vase, grande coupe à deux anses et à large ouverture. Les Anciens l'utilisaient pour mélanger le vin et l'eau.

Cronos (ou Kronos) : Titan, fils d'Ouranos (le Ciel) et de Gaia (la Terre), père de Zeus. Il est le dieu de la première génération du panthéon hellénique.

Cyclades (ou Kuklades) : archipel d'îles grecques de la mer Égée, nommé ainsi, car il forme un cercle autour de Délos.

Cyrénaïque : région du nord de l'Afrique sur la côte méditerranéenne entre l'Égypte et la Grande Syrie. Les Grecs y fondèrent des colonies dont Cyrène.

deigma **(mot grec, pluriel** *deigmata***) :** « qui se montre », exemple, preuve.

Dimitrios Poliorkitis : fils d'Antigonos Monophthalmos, surnommé « Poliorcète », c'est-à-dire « preneur de villes ».

Éole : dans la mythologie grecque, dieu des vents.

Éphèse : ville grecque d'Ionie, fondée au Xe siècle av. J.-C. Ce fut l'un des grands centres commerciaux de la côte d'Asie Mineure.

épicycloïdal : relatif à l'épicycloïde.

épicycloïde : courbe plane décrite par un point fixe d'un cercle roulant extérieurement sans glisser sur un cercle donné.

étrave : pièce massive formant la limite avant de la carène d'un navire.

Ézéchiel (627-570 av. J.-C.) : troisième des quatre grands prophètes de la Bible. Il prédit la prise de Jérusalem par Nabuchodonosor ainsi que la renaissance d'Israël.

Gaulos : à l'origine, vase ou panier arrondi, d'où l'utilisation du terme pour les navires marchands phéniciens de forme ronde.

Grande-Grèce : ensemble des établissements coloniaux fondés par les Grecs en Italie du sud et en Sicile dès le VIIIe siècle av. J.-C.

Hadès : dieu grec des Enfers, assimilé à Pluton par les Romains.

Héraclès : héros grec personnifiant la force, assimilé à Hercule pour les Romains. Fils de Zeus et d'Alcmène, il possédait une force surhumaine.

Hérodote (484-420 av. J.-C.) : historien grec, surnommé « le Père de l'Histoire ». Ami de Sophocle et de Périclès à Athènes, ce grand voyageur écrivit plusieurs textes, dont *Histoires*, représentant une source principale pour l'étude des guerres médiques et de la civilisation grecque.

Hésiode (milieu du VIIIe siècle av. J.-C.) : poète grec, auteur de *la Théogonie*, tenu pour l'égal d'Homère par les Grecs. Ses écrits apportent de précieuses informations sur l'époque archaïque.

Hipparchus (Hipparche) : tyran d'Athènes de 527 à 514 av. J.-C.

Hiram Ier : roi de Tyr vers 969-935 av. J.-C. Il fournit à Salomon des artistes et des matériaux pour construire le temple de Jérusalem, et des marins pour des expéditions.

Homère : le plus célèbre des poètes grecs, surtout pour ses deux épopées *L'Iliade* et *L'Odyssée*. Son existence semblait certifiée dans l'Antiquité, mais est aujourd'hui contestée par certains.

horoi **(mot grec) :** pierres spéciales utilisées comme bornage dans l'architecture portuaire antique.

hydrie : grand vase à eau grec à trois anses, dont une verticale.

Iliade **:** épopée en 24 chants d'Homère qui raconte un épisode de la guerre de Troie.

Ioniens : peuples venus en Ionie, partie centrale de la région côtière de l'Asie Mineure, à la suite des invasions doriennes.

kados **(mot grec, pluriel *kadoi*) :** vase, cruche ou jarre.

kantharos **(mot grec, pluriel *kantharoi*) :** sorte de coupes à deux anses. En français, « kanthare ».

madrier : poutre de bois très épaisse employée en construction.

Mardonios (mort en 479 av. J.-C.) : gendre de Darios Ier, ce général perse fut chargé par celui-ci de soumettre la Grèce en 492 av. J.-C., mais il échoua. Il devint néanmoins le commandant en chef de l'armée perse en 480 et occupa la Béotie et l'Attique. Vaincu par Pausanias à Platées, il périt dans la bataille.

Mêlos (ou Milos) : île des Cyclades.

Minos : roi légendaire de Crète, fils de Zeus et d'Europe. Il imposait aux

Athéniens d'envoyer annuellement sept jeunes garçons et sept jeunes filles à donner en pâture au Minotaure. Il fut, après sa mort, un des trois juges des Enfers.

mortaise : cavité de section rectangulaire d'une pièce de bois ou de métal pour recevoir le tenon d'une autre pièce assemblée.

Nabuchodonosor II (605-562 av. J.-C) : roi de Babylone, dont il fit la capitale du monde oriental.

Nectanébo Ier : souverain égyptien, fondateur de la XXXe et dernière dynastie. Il mourut en 360 av. J.-C.

Neith : divinité de l'Égypte ancienne de la ville de Saïs dans le delta du Nil.

***neosoikoi* :** hangar à bateaux (composé de *neos*, nouveau, et de *oikos*, habitation).

***nesef* :** pièce syrienne pesant 10,3 g.

Notos : avec une majuscule, personnification du nom *notos* «vent du sud».

***Odyssée* :** poème épique en 24 chants racontant les aventures d'Ulysse après la prise de Troie.

***œnochoê* :** vase servant à verser le vin dans les coupes.

***ophthalmos* (mot grec, pluriel *ophthalmoi*) :** signifie «œil».

ornière : trace creusée dans le sol par les roues des véhicules.

pentécontore (en grec *pentêkontêrê*) : navire à 50 rameurs.

pentère (en grec *pentêrês*) : galère grecque à cinq rangs de rameurs, inventée vers 400 av. J.-C., avec probablement un rang de deux rameurs et un rang de trois rameurs par bord.

Périclès (495-429 av. J.-C.) : homme d'État athénien. Son rôle dans l'essor culturel et politique d'Athènes était tel que son nom fut donné au Ve siècle av. J.-C., le plus brillant de la Grèce classique, soit le «siècle de Périclès».

Philippe II de Macédoine (382-336 av. J.-C.) : régent en 359 av. J.-C. et ensuite roi de Macédoine (à partir de 336). Vainqueur de la coalition d'Athènes et de Thèbes à la bataille de Chéronée, en 338. Père d'Alexandre le Grand.

photogrammétrie : application de la stéréophotographie aux relevés topographiques.

photomosaïque : mosaïque obtenue par l'assemblage de plusieurs photographies amenées approximativement à une même échelle.

pithos **(mot grec, pluriel** *pithoi***)** : tonneau ou jarre pour le vin.

Pline l'Ancien (30-79 apr. J.-C.) : auteur de l'*Histoire naturelle*, une vaste enquête sur la nature, il trouva la mort en étudiant l'éruption du Vésuve, qui ensevelit Pompéi en 79 apr. J.-C.

Plutarque (env. 46-120 apr. J.-C.) : moraliste, philosophe et historien, il écrivit en grec *Les Vies parallèles* (Alexandre, César, Antoine) et d'autres ouvrages donnant de nombreuses informations aux archéologues.

polis **(mot grec)** : ville, système d'organisation politique de la Grèce.

polychromie : état de ce qui se présente en plusieurs couleurs.

Polycrate : tyran de Samos de 533 à 522 av. J.-C. Sous son règne, la ville connut une grande prospérité.

Pont-Euxin : nom ancien de la mer Noire, réputée dangereuse pour ses tempêtes et les habitants de ses rivages. Son nom de « mer hospitalière » était une façon de conjurer le destin.

Poséidon : dieu grec régnant sur la mer. Fils de Cronos et de Rhéa, frère de Zeus et de Hadès.

prophylactique : se rapporte à la prophylaxie.

prophylaxie : ensemble de mesures prises pour prévenir la propagation d'une ou plusieurs maladies.

protomé : décor constitué d'un buste d'homme ou d'animal.

pyxis **(mot grec, pluriel** *pyxides***)** : boîte en buis pour contenir des remèdes ou des parfums.

qedet **(ou** *kite***)** : pièce égyptienne pesant entre 9,1 et 9,3 g. Dix *qedets* faisaient un *deben*, dix *debens* faisaient un *sep*.

rayons gamma : rayonnement électromagnétique de fréquence très élevée. Les rayons sont émis lorsque les corps radioactifs se décomposent.

ROV (*Remotely operated vehicle*) : robots commandés depuis la surface, pour effectuer des travaux immergés inaccessibles à l'homme.

Salomon : fils de David et de Bethsabée, il fut le troisième roi des Hébreux.

Scylla : récif du détroit de Messine, en face de Charybde.

skyphos **(mot grec, pluriel *skyphoi*)** : vase à boire, haut et sans pied, coupe.

sonar à balayage latéral : capteur délivrant une image acoustique du fond marin sur une bande de 50 m à 150 m de chaque côté du navire. Le traitement des données sonar aboutit à la réalisation d'une mosaïque de la zone prospectée par une juxtaposition des bandes géographiquement positionnées.

stoa **(mot grec)** : portique, galerie à colonnades.

Strabon (66 av. J.-C.-24 apr. J.-C.) : géographe grec originaire d'Apamée et grand voyageur, il écrivit *Géographie*, apportant beaucoup de précisions sur les débuts de l'Empire romain.

Sylla, ou Sulla (138-78 av. J.-C.) : homme d'État et général romain.

Télémaque : héros de la mythologie grecque. Fils d'Ulysse et de Pénélope.

Téménos : aire sacrée d'un sanctuaire dans la Grèce antique.

tenon : extrémité d'une pièce fabriquée pour entrer dans un trou (la mortaise).

tétrère : navire du IVe siècle av. J.-C. à quatre rangs de rames par bord et 25 combattants.

thalassocratie : État puisant sa force dans la maîtrise de la mer.

Thémistocle (528-462 av. J.-C.) : homme d'État et général athénien. Il fit d'Athènes la plus grande puissance maritime, réorganisant sa flotte et aménageant le Pirée.

Thésée : héros de la mythologie grecque, reconnu pour avoir tué le Minotaure, libérant ainsi Athènes de Minos. Il devint roi d'Athènes et mit en place les premières institutions.

Thucydide : historien grec, auteur de *L'Histoire de la guerre du Péloponnèse*.

tomographie linéaire : méthode habituellement utilisée en médecine, c'est une technique radiologique permettant d'obtenir l'image radiographique d'une coupe d'un objet ou organe donné.

tophet **(mot carthaginois)** : urnes funéraires remplies des cendres des enfants sacrifiés à Baal Hammon ou Baal-Moloch, et aussi lieu, consacré au dieu Baal et à la déesse Tanit, où les sacrifices d'enfants sont attestés de 715 à 146 av. J.-C.

trirèmes (ou trières) : navires de guerre de la Grèce antique à trois rangs de rameurs superposés.

Ulysse : héros de la mythologie grecque dont les exploits sont retracés par Homère. Roi d'Ithaque, époux de Pénélope et père de Télémaque.

Virgile (70-19 av. J.-C.) : poète latin, auteur de nombreux textes et d'une grande renommée.

Xénophon (430-355 av. J.-C.) : philosophe, écrivain et homme politique grec. Il fut le disciple de Socrate.

zéphyr : vent généralement doux.

Zeus : roi des dieux dans la mythologie grecque. Dieu de la lumière, de la foudre, présidant aux manifestations célestes. Fils du Titan Cronos et de Rhéa.

Bibliographie

Ballard R. D., «Ashkelon», *National Geographic Magazine*, vol. 199, n⁰ 1, 2001.

Ballard R. D., Stager L. E., Master D., *et al.*, «Iron Age shipwrecks in deep water off Ashkelon, Israel», *American Journal of Archeology*, vol. 106, n⁰ 2, 2002.

Blackman D. J., «The ship-sheds», dans Morrison J. S. et Williams R. T., *Greek Oared Ships 900-322 BC*, Cambridge University Press, 1968.

Eickstedt (von) K. V., *Beiträge zur Topographie des antiken Piräus*, Athens, 1991.

Empereur J.-Y., Archonidou A. (1987), puis Simossi A. (1988-1993), *Chroniques du BCH* de 1987 à 1993.

Frost F. J., «The 'Harbour' at Halieis», dans Avner Raban (éd.), *Harbour Archaeology*, British Archaeological Reports, Oxford, 1985.

Garland R., *The Piraeus*, Bristol Classical Press, 2001.

Jameson M. H., «Excavations at Porto Cheli and vicinity, Preliminary Report I : Halieis, 1962-1968», *Hesperia 38*, 1968.

Jameson M. H., «Excavations at Porto Cheli», *Archaiologikon Deltion 26*, 1971.

Jameson M. H., «The excavation of a drowned Greek temple», *Scientific American 231*, 1974.

Jameson M. H., «The submerged sanctuary of Apollo at Halieis in the Argolid of Greece», *National Geographic Society Research Reports*, 1982.

Kahanov Y., «Conflicting evidence for defining the origin of the Ma'agan Mikhael shipwreck », dans Tzalas H. (éd.), *Tropis IV*, 1996.

Kahanov Y., «Wood conservation of the Ma'agan Mikhael shipwreck», *International Journal of Nautical Archaeology 26*, 1997.

Kahanov Y., «The Ma'agan Mikhael ship (Israel) : A comparative study of its hull construction», *Archaeonautica 14*, éditions du CNRS, 1999.

Karageorghis V., Lolos Y. G., Vichos Y., *et al.*, *The Point Iria wreck : a guide to the exhibition of the wrecked cargo in the Museum of Spetses*, Hellenic Institute of Marine Archaeology, Athènes, 1998 (en grec).

Kourkoumelis D., « The Antidragonera wreck (Kythera, end of 4th century BC) », *Archäologie unter Wasser 3*, Bayerische Gesellschaft für Unterwasserarchäologie, 1998.

Kourkoumelis D., « Les ancres pyramidales en pierre et les techniques d'ancrage : le cas de l'épave d'Antidragonera (Cythère, IVe siècle av. J.-C.) », dans Brun J.-P., Jockey P. (éd.), *Techniques et sociétés en Méditerranée : hommage à Marie-Claire Amouretti*, Maison méditerranéenne des sciences de l'homme, Travaux du Centre Camille Jullian, Maisonneuve et Larose, 2001.

Kourkoumelis D., « Underwater excavation at the Antidragonera shipwreck of Kythera, the 1997 and 2000 campaigns », *Enalia*, vol. VI, 2002.

Linder E., « Ma'agan Micha'el shipwreck: excavating an ancient merchantman », *Biblical Archaeology Review 18*, 1992.

Linder E., Rosloff, J., « The Ma'agan Mikhael shipwreck », dans Tzalas H. (éd.), *Tropis III*, Hellenic Institute for the Preservation of Nautical Tradition, 1995.

Lolos Y. G., « Late Cypro-Mycenaean seafaring: new evidence from sites in the Saronic and the Argolic gulfs », dans Karageorghis V., Michaelides D. (éd.), *Proceedings of the International Symposium: Cyprus and the Sea*, 1995.

Lolos Y. G., « Commercial stirrup jars and Mediterranean sea routes in the Late Bronze Age : the underwater evidence », *Le rotte nell' antico Mediterraneo: Proggeti di ricerca nell' ambito dei Beni archeologici sommersi*, Italie, (en cours de publication), 2003.

Lovén B., *The Zea shipsheds – the buildings utility in reconstructing the Athenian Trireme*, Tzalas H. (éd.), 2002.

Morrison J. S., Coates J. F., Rankov N. B., *The Athenian trireme, the history and reconstruction of an Ancient Greek warship*, Cambridge University Press, 2e édition, 2000.

Phelps W., Lolos Y., Vichos Y. (éd.), *The Point Iria wreck: interconnections in the Mediterranean ca. 1200 B.C.*, Hellenic Institute of Marine Archaeology, Athens, 1999.

Powell A., « Archaeology team helps find oldest deep-sea shipwrecks », archives de la *Harvard Gazette*, 16 septembre 1999.

Rice R., « The Antikythera mechanism : physical and intellectual salvage from the 1st century BC », USNA, Eleventh Naval History Symposium, 1995.

Rosloff J., « A one-armed anchor of c. 400 BC from the Ma'agan Michael vessel, Israel », *International Journal of Nautical Archaeology*, 1991.

Schloen D., « Recent discoveries at Ashkelon », *The Oriental Institute Notes and News* 145, 1995.

Stager L. E., « Ashkelon and the archaeology of destruction », *Biblical Archaeology Review*, 1996.

Steinhauer G. A., « La découverte de l'arsenal de Philon », *Tropis IV*, Athènes, 1996.

Touchais G., « Chronique des fouilles en 1978 » le Pirée, *BCH* 103, 1979.

Vichos Y., Tsouchlos N., Papathanassopoulos G. « *Thalassa* : L'Égée préhistorique et la mer », *Aegaeum 7*, Liège, 1991.

Vichos Y., Lolos Y., « The Cypro-Mycenaean wreck at Point Iria in the Argolic Gulf: first thoughts on the origin and the nature of the vessel », dans Swiny S., Hohlfelder R. L., Wylde Swiny H. (éd.), *Res Maritimae, Cyprus and the Eastern Mediterranean from Prehistory to Late Antiquity,* Scholars Press, Atlanta, Georgia, 1997.

Wright M., « A new spin on the world's oldest cogwheels », Science Museum Press Office, Londres, 2002.

Wright M., « A clockwork computer: the Antikythera mechanism », *The Economist,* Londres, 21 septembre 2002.